KB250912

매일매일
핸드메이드

이 도서의 국립중앙도서관 출판시도서목록(CIP)은 e-CIP홈페이지(http://www.nl.go.kr/ecip)와
국가자료공동목록시스템(http://www.nl.go.kr/kolisnet)에서 이용하실 수 있습니다.
(CIP제어번호: CIP2011001230)

매일매일
핸드메이드

한세진 만들고 씀

지우개로 만드는

귀여운 소품 + 인테리어

앨리스

느리고 서툰 나만의 소품,
그리고 나를 위로하는 방을 꿈꾸며

언제부터였을까? 몇 시간씩 모든 동작을 손의 리듬에 맞추며 무언가를 만들기 시작한 것이. 어린 시절 동전 몇 개를 주고 사온 종이인형의 옷이 부족하거나 썩 마음에 들지 않으면 (그때의 종이인형 옷은 거의 공주풍의 드레스였다.) 보물처럼 여기던 크레파스와 색연필을 가져와 비뚤지만 조금 보이시한 인형 옷을 그려 입혀주곤 했다.

가끔씩 생일 카드나 엽서들을 직접 만들어 선물하며, 받는 사람이 반응에 절로 기분이 좋아져 날이 새도록 만들고 또 만들었던 기억도 난다. 부모님이 바빠지시면 외할머니 댁에 맡겨지곤 했는데, 그럴 때도 종이와 색연필 등은 꼭 챙겨가곤 했다. 그래야 좋아하는 친구를 만났을 때 귀여운 토끼나, 강아지, 만화에 나오는 주인공들을 그려 선물할 수 있었으니까. 무언가를 만드는 건 나에게 있어 놀이고, 취미고, 애정을 표현하는 수단이었다. 그리고 어느새 일이 되었다.

손으로 만드는 것은 느리다. 그리고 완벽하지 않다. 하지만 그래서 좋다. 나를 닮은 것 같아서 좋다. 빠르지 못하고 실수투성이인 내가 만든 것이기에 바느질도, 못질도, 페인트칠도 그렇게 나를 닮았다. 어느 쪽은 비뚤고, 어느 쪽은 바르다. 조금씩 고치고, 맞춰 나가고, 다시 칠하는 번거로움이 있어도, 차츰차츰 내 것이 되어가는 과정을 보는 것이 좋다.

애정이 담기지 않은 물건은 쉽게 버려진다. 그러나 손수 만든 물건들은 쉽게 버려지지 않는다. 오래 사용하고 다시 고쳐 쓰는 동안 그 속에 추억과 이야기가 쌓인다. 그래서 더 애틋하다. 지금 사용하고 있는 테이블도 카페를 시작할 무렵 직접 만든 것이다. 태어나서 처음으로 원목을 자르고, 붙이고, 끼우고, 다듬어 보았다. 그러다가 커다란 나무 조각이 튀어 눈에 들어가 대학병원 응급실에 실려가기도 했다. 커다란 식염수 몇 통을 눈에 흘리고 나서야 톱밥은 자취를 감췄다. 참으로 비싼 값을 치르고 완성한 테이블이다. 그게 벌써 5년을 넘어가니 다리가 삐걱거린다. 다시 목공용 본드를 칠하고 못질도 해준다. 물론 전문가가 본다면 너덜너덜한 테이블이라고 놀릴지도 모른다. 그러나 나는 그 위에서 여전히 인형을 만들고, 그림을 그린다. 쉽게 만든 게 아니어서 그런지 쉽게 버리지도 못한다.

나는 월세 30만 원의 옥탑 작업실도 기어이 나에게 어울리는 공간으로 만들어 행복하게 작업했다. 싸구려 MDF 박스에 페인트를 칠해 책장을 만들고, 원색의 패브릭을 크게 잘라 화려한 커튼을 만들었다. 금방 이사갈지도 모르는데 뭐하러 집을 꾸미냐는 핀잔도 많이 들었다. 하지만 그 집에 앞으로 얼마나 더 살 것인지 따지기보다는 지금 여기에서 먹고, 자고, 살고 있다는 사실이 더 중요했다.

우리는 종종 어차피 월세 혹은 전세로 사니까, 여긴 원룸이니까, 집에선 잠만 자니까, 하는 여러 가지 이유로 자기만의 공간을 만들 의지를 접어버린다. 하지만 이런저런 이유로 나만의 공간을 만들어 보지 못한 채 20대를 지나 30대, 40대가 되면, 집을 갖게 되더라도 정작 자신이 마음 편히 쉴 수 있는 내 공간을 어떻게 꾸미고 만들어야 할지 몰라 당황할 수도 있다. 내가 만들지 않으면 누구도 대신 해주지 않으니까.

이 책은 큰 인테리어 공사나 복잡한 도구 없이 나만의 공간을 꾸미는 연습을 함께 시작했으면 하는 작은 바람에서 시작되었다. 자, 이제부터 단 한 평이라도 자신을 따뜻하게 다독일 수 있는 공간을 만들어보자.

차 례

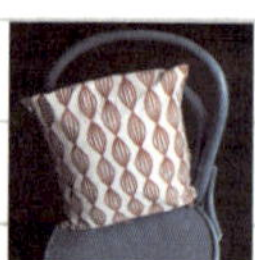

재료를 소개합니다

이름도 어렵고, 종류도 많고, 어떻게 사용해야 하는지 모르는 것들도 많을지 몰라요.
우선 사진과 설명을 쭉 살펴보며 이름만 간단히 익혀보세요. 절대 미리 겁내지 마세요.
간단히 몇 가지만 가지고 만들 수 있는 것들도 얼마든지 있답니다.

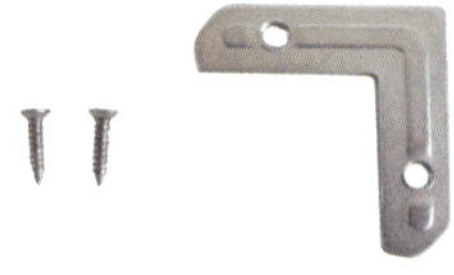

ㄱ자평철

액자나 ㄱ자 모양의 나무 소품을
연결할 때 사용한다.

가위

끝이 뾰족하고 얇은 가위가
여러모로 사용하기 편하다.

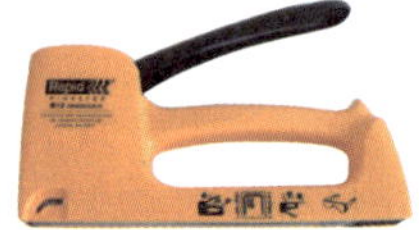

건타카

일반 타카보다 심이 길고 강해
나무 소품을 만들 때 많이 사용한다.
건타카에 맞는 타카심을 함께 구입한다.

경첩

문이 달리는 소품에
많이 사용한다.

광목과 리넨

둘 다 워싱 처리된 제품을
사용하는 것이 좋다.
책 속의 패브릭 소품은 거의
워싱 광목과 워싱 리넨으로 만들어졌다.

나사

전동 드라이버나
일반 드라이버를 사용해
나무를 고정할 때 사용한다.

마스킹 테이프
나무에 본드를 칠한 후 고정시킬
때 굉장히 유용하게 사용된다.

망치
건타카나 전동 드라이버가
없을 경우 망치와 못을
이용해 고정한다.

목공본드
목공본드를 칠한 후 나사나 못을
박으면 만들기 쉽고 튼튼하다.

못
나사와 타카심을 대신해
사용한다.

붓
페인트를 칠할 때
많이 사용한다.

빈티지 손잡이
나사를 이용해 고정할 수 있는
메탈 소재의 손잡이.

빈티지 실패
책 속에서는 반을 잘라
손잡이로 사용했다.

자석 장금 장치
자석으로 문이 딱 맞게 닫힐 수
있도록 만들어진 제품.
일반적으로 빠찌링이라고 칭한다.

사포
나무를 고르게 다듬을 때 사용.
처음에는 굵은 사포를, 마무리는
가는 사포를 사용한다.

선반 받침대

선반을 달 때 사용하면
쉽고 편리하다.

수성페인트

물에 용해되는 페인트로 친환경이라
냄새도 적고 사용하기 편리하다.
책에서는 벽지 전용 페인트, 타일 전용
페인트, 목재 전용 페인트를 사용했다.

스탬프 잉크

유성과 수성, 패브릭 전용
스탬프가 있다. 각각의 용도에 맞게
사용하면 지워지지 않는다.

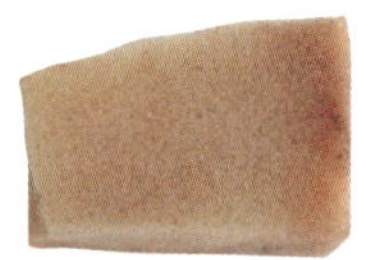

스펀지

나무 소품을 칠하거나 스탬프
패브릭을 만들 때 사용한다.
넓은 면적을 칠할 때 사용하면
편리하다.

실과 바늘

패브릭 소품을 만들 때 사용한다.
퀼팅용 실이 튼튼하고 매끄러워
사용하기 편리하다.

실리콘

여러 가지 용도로 사용할 수 있다.
책 속에서는 나무 소품과 아크릴을
고정할 때 사용했고, 가벽과 벽을
고정시킬 때도 사용했다. 실리콘이 마르고
나면 굉장히 튼튼하게 버텨준다.

아크릴

유리 대용으로 사용했다.
가볍고, 다루기도 쉬워
초보자가 사용하기에 수월하다.

아크릴 칼

아크릴 전용 칼을 사용해야
쉽게 잘린다. 몇 번 긁어준 후
양손으로 부러뜨린다.

액자고리

액자를 걸 수 있게 만드는 고리.
나사를 이용해 액자에 고정한다.

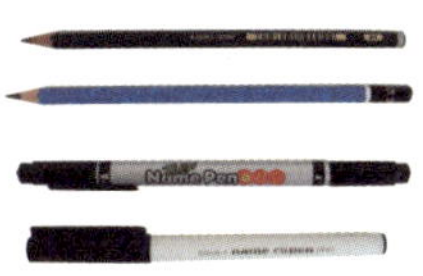

연필과 유성펜

밑 선을 그리거나 스케치할 때
사용한다. 책 속에서 유성펜은
지우개에 바로 사용하기도 했다.

우드스테인

나무 소품에 색을 입힐 때 사용한다.
페인트와 달리 색은 자연스럽고,
결은 살릴 수 있어서 좋다.
수성 우드스테인은 물을 섞어 농도를 조정할
수 있고, 스펀지나 붓으로 칠한다.

자

작은 사이즈를 잴 때 사용한다.

줄자

큰 공간의 사이즈를
잴 때 사용한다.

전동 드라이버

나무 소품을 연결하거나
부속을 연결할 때 많이 사용한다.
전동 드라이버가 있으면
소품 만들기가 수월하다.

지우개

지우개 스탬프를 만들 때
사용한다. 크기가 작은 것은 조금
더 말랑해서 조각하기 쉽고, 큰
것은 큰 무늬를 만들 때 용이하다.

커터

지우개를 조각할 때 사용한다.
어떤 제품이라도 상관없지만
끝부분이 날렵한 것이
더 조각하기 쉽다.

패브릭 물감

패브릭 전용 제품으로 스탬프를
이용해 패브릭에 찍은 후 다림질로
마무리한다. 패브릭 전용 잉크에
비해 선명하고 진하게 찍힌다.

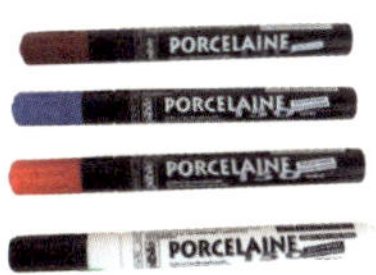

포슬린 펜

도자기 제품 위에 바로
그림을 그릴 수 있도록 나온 펜으로
흔들어 사용한다. 그림을 그린 후
자연 건조시켜 오븐에 구우면 된다.

프라이머

목재나 철재, 타일 위에
페인트가 잘 칠해질 수 있도록
베이스 역할을 한다.
책에서는 화장실 타일 위에 사용했다.

준비운동

스탬프 조각부터 연습하자

이 책에 나오는 대부분의 소품들은 지우개 스탬프를 이용해서
만들었다. 문방구에서 파는 500원 남짓하는 지우개들의 대변신이
시작되는 것이다.

처음 지우개 스탬프를 만들기 시작했을 때 나조차 지우개가
이렇게 많은 재주를 가지고 있으리라고는 상상도 하지 못했다.
무지 리넨이나 광목에 찍어 나만의 멋스러운 패브릭을 만들어
이런저런 소품을 만들 수 있고, 심심한 노트나 편지봉투에
찍어주면 또 마법처럼 귀엽게 변신한다. 그렇게 나는 지우개
스탬프의 매력에 담뿍 빠지게 되었다.

물론 시중에 파는 패턴이 들어간 패브릭을 이용하거나, 문구점에
파는 스탬프를 찍어서 활용해보는 것도 손쉽게 DIY를 시작할
수 있는 방법이겠지만, 이왕이면 처음 단계부터 차근차근
시작해보는 게 어떨까? 기계로 찍어낸 기성품과는 다른 '진짜 내
것 같은 느낌'을 맛보고 싶다면 말이다.

우선, 지우개 스탬프를 만드는 과정부터 시작해보자. 지우개와
커터만 준비되어 있다면 지금 바로 따라해볼 수 있다.

하나,
지우개를 팔 때는 안쪽으로 삼각형을
만들어 준다는 느낌으로 조각한다.

둘,
스탬프를 찍을 때에는 손가락으로 '콕' 찍는
것이 아니라, 손바닥으로 '꾹' 눌러준다. 그
래야만 밀리지 않으며, 결과물에 하얀 부분
이 생기지 않고 고르게 찍힌다.

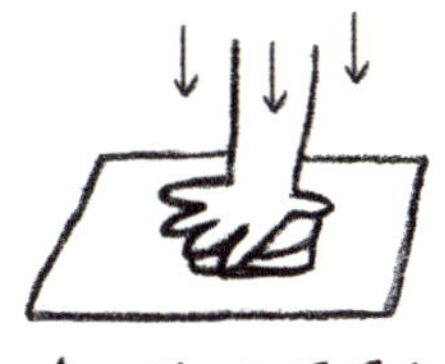

셋,
스탬프를 조각할 때 특히 칼 사용에 유의하자.
지우개가 물러서 조각하기 어렵지는 않지만,
강도 조절을 잘못하면 칼이 생각지 못한 방향으
로 빗나가서 손을 다치기 쉽다.

단순한 모양은 조각하기도 쉬울 뿐만 아니라, 깔끔하고 세련돼 보이는 장점이 있다.

원형이나 삼각형, 마름모 등의 기본 도형의 스탬프는

따로 설명하지 않아도 될 만큼 만드는 방법이 간단하다.

스탬프는 한 가지 색으로 찍어도 좋고, 각각 다른 색으로 발랄하게 찍어도 재미있다.

일단 원하는 모양을 선택해서 만들어보자. 단순한 모양의 매력에 푹 빠져

생각했던 것보다 훨씬 더 많은 소품들을 만들게 될지도 모르니까.

◇◇◇◇◇◇◇◇◇◇◇◇◇◇◇◇◇◇◇

동그라미 스탬프 조각하기

◇◇◇◇◇◇◇◇◇◇◇◇◇◇◇◇◇◇◇

준비물 | 지우개, 연필, 기름종이, 커터, 스탬프 잉크, 찍어볼 종이(이면지, 신문지)

동그라미 스탬프 사이즈 | 40mm(지름)

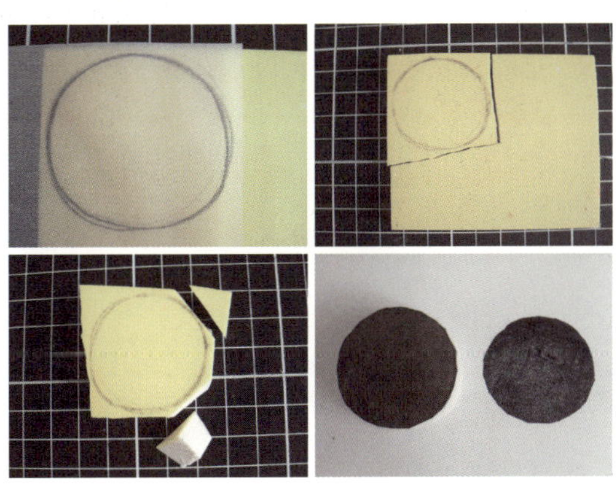

1. 준비된 기름종이에 연필로 동그라미를 그린다.

(도안을 이용할 경우에는 도안을 기름종이 아래에 놓고 그린다.)

2. 기름종이를 뒤집어 지우개에 맞닿게 붙이고, 손톱으로 선을 꾹꾹 문지른다.

3. 기름종이를 치우고, 커터로 동그라미보다 여유 있게 잘라낸다.

4. 편한 방향을 정해 한쪽으로 돌려가며 각을 다듬는다.

(깔끔한 원을 만들고 싶으면 각을 꼼꼼히 다듬는다.)

5. 다듬은 지우개에 스탬프 잉크를 골고루 묻혀 종이에 찍어본다.

6. 마음에 들지 않는 부분을 다듬어 완성한다.

TIP : 좌우가 바뀌지 않는 모양은 지우개 위에 연필이나 유성펜으로 바로 그려줘도 상관없어요.

지우개는 표면이 고르고 적당히 말랑말랑한 지우개가 작업하기 쉬워요.

삼각형 모양 만들기

준비물 | 지우개, 커터, 연필 또는 유성펜, 스탬프 잉크, 찍어볼 종이

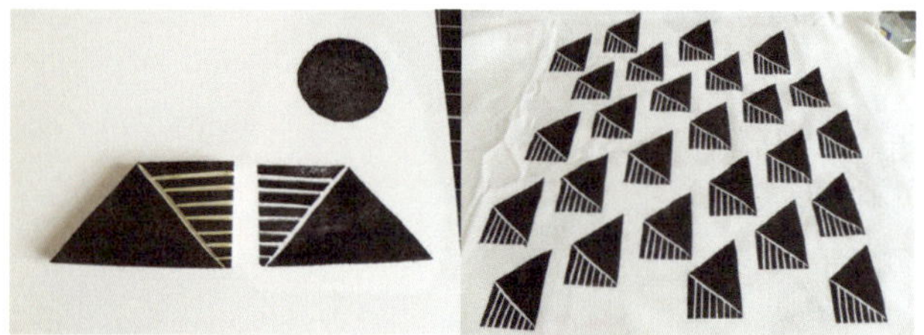

1. 연필 또는 유성펜으로 원하는 모양을 그린다.

2. 선을 따라 파이는 부분이 V자가 되도록 조각한다.

　(칼집을 왼쪽에 한 번, 오른쪽에 한 번 내는 방식으로 조각한다.)

3. 다듬은 지우개에 스탬프 잉크를 골고루 묻혀 종이에 찍어본다.

4. 찍어보고 마음에 들지 않는 부분을 다듬어 완성한다.

물방울 모양 만들기

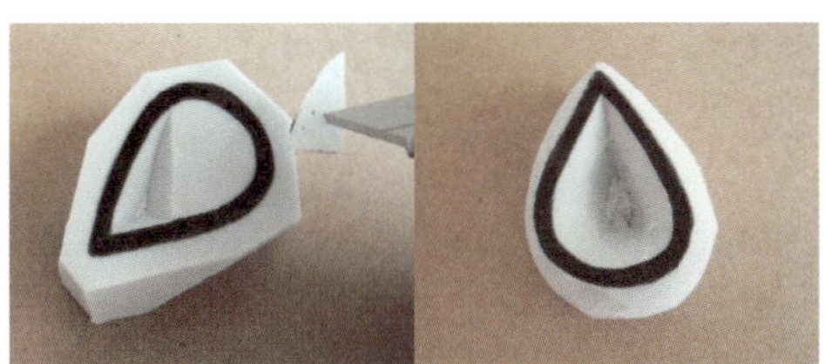

1. 연필 또는 유성펜으로 원하는 모양을 그린다.

2. V자 모양이 되도록 안쪽부터 조금씩 조각한다.

(칼집을 왼쪽에 한 번, 오른쪽에 한 번 내는 방식으로 조각한다.)

3. 안쪽이 다 정리되면, 바깥쪽도 깎아내듯이 정리한다.

4. 다듬은 지우개에 스탬프 잉크를 골고루 묻혀 종이에 찍어본다.

5. 찍어보고 마음에 들지 않는 부분을 다듬어 완성한다.

◇◇◇◇◇◇◇◇◇◇◇

두 개의 물방울 모양

◇◇◇◇◇◇◇◇◇◇◇

조각하는 방법은 동일하다.

외곽부터 정리해 나가면서 조각한다.

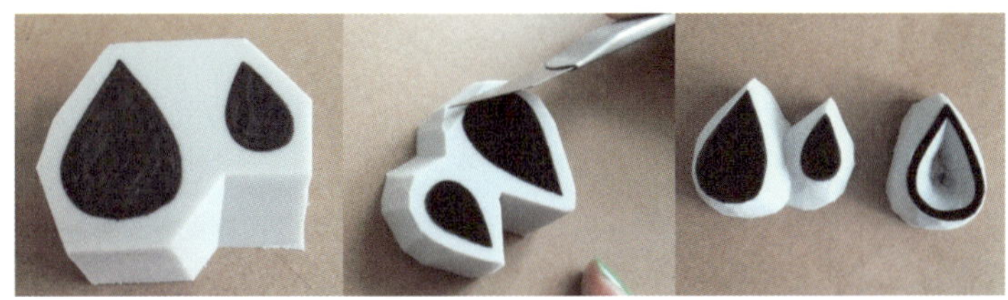

기본 도형을 활용한 스탬프 만들기에 성공했다면 이제 좀 더 멋을 내보자. 여기서는 빈티지하고
레트로한 느낌의 아몬드 무늬와 꽃무늬를 만들어볼 생각이다. 도구와 기본 방법은 앞에서
만들어본 단순한 모양 만들기와 크게 다르지 않다. 손의 힘을 빼고 다치지 않도록 주의하면서
곡선을 따라 지우개를 조각해간다. 커터를 다루는 데 조금 더 익숙해지면 이보다 훨씬 복잡한
모양도 쉽게 만들 수 있으니 우선 연습하는 마음으로 지우개와 커터를 준비하자.

레트로한 아몬드 무늬 스탬프

준비물 | 말랑말랑한 지우개, 커터, 유성펜, 스탬프 잉크, 찍어볼 종이

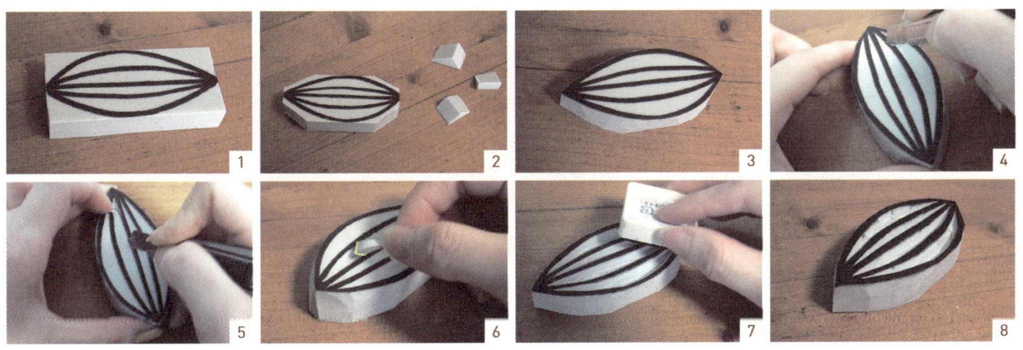

1. 지우개에 유성펜으로 밑그림을 그린다.
2. 사방의 모서리를 잘라낸다.
3. 외각 선을 깎아내듯이 정리한다.
4. 선을 따라 칼집을 낸다.
5. 지우개를 돌려 같은 방법으로 칼집을 낸다.
6. 파인 부분이 v자가 되었는지 확인하며 모두 조각한다.
7. 지우개에 스탬프 잉크를 묻혀 종이에 찍어본다.
8. 마음에 들지 않는 부분을 다듬어 완성한다.

TIP:　지우개를 조각할 때 한 손으로 지우개 아래쪽을 잡고, 다른 한 손으로 커터를 이용해 조각하는 것이 편해요. 천천히 힘을 주면서 선을 따라 커터를 움직여 보세요.

꽃 모양 스탬프 만들기

준비물 | 지우개, 커터, 유성펜, 스탬프 잉크, 찍어볼 종이

1. 지우개에 유성펜으로 도안을 그린다. (연필로 그려도 상관없다.)

2. 외곽을 모두 잘라낸다.

3. 안쪽을 V자 모양으로 조각한다.

4. 종이에 한 번 찍어보고, 마음에 안 드는 부분을 다듬어 마무리한다.

(단순하다 싶으면 세 번째 사진과 같이 꽃잎을 조각한다.)

TIP: 지우개 스탬프를 만들어 놓으면 활용할 수 있는 범위가 생각보다 넓어요.
패브릭뿐만 아니라 종이류, 도자기나 유리, 나무 등 여러 곳에 활용할 수 있기 때문에 오래 쓸 수 있
도록 잘 보관하는 것이 중요해요. 지우개는 특성상 먼지가 많이 붙고, 서로 잘 달라붙으므로 각각
따로 상자 안에 넣어 두는 것이 가장 좋아요. 아니면 하나씩 랩을 씌워 보관하세요. 사용한 후에는
흐르는 물에 씻어 마른 수건이나 행주로 잘 닦아주면 오래 사용해도 무르거나 부러지지 않아요.

이렇게 만든 지우개 스탬프의 다양하고 재미있는 활용법,
지금부터 시작합니다.
예시로 제안하고 있는 모양의 스탬프가 아니더라도,
만드는 방법은 같으니 각자 원하는 모양의 스탬프를
다양하게 만들어서 활용해보세요.

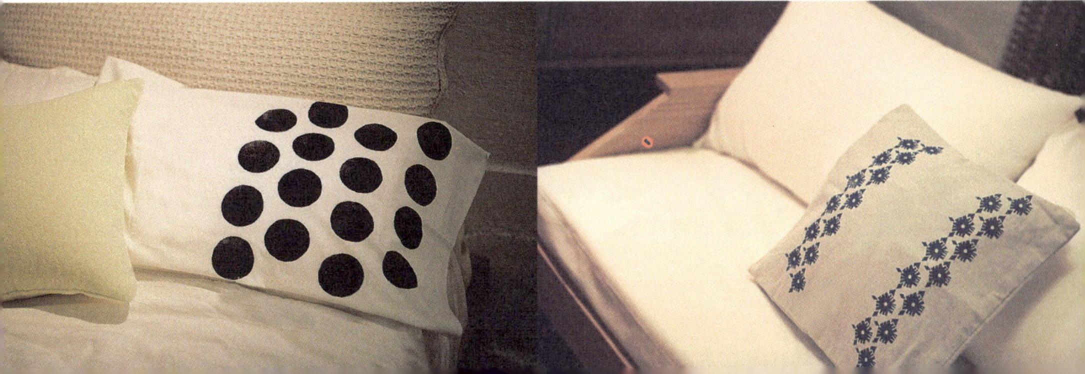

내가 만드는
동그라미는 특별해

단순한 모양의 스탬프로

내 방 소품 만들기

merry christmas
and happy new year
. duboo :

무언가 만들기 시작할 때, 잘될까? 망치지는 않을까? 재료만 사놓고 시작도 못하는 것은 아닐까? 하는 생각이 먼저 드는 사람들도 있을 것이다.

하지만 망치면 좀 어떤가? 잘 만들어지지 않으면 또 어떻고. 부담 없는 마음으로 즐겁게 시작해보자. 반듯하고 똑 떨어지게 만들려면 기성제품을 사는 편이 나을지도 모른다.

자신의 생각이 들어간 소품은 그 자체로 따듯하다. 손으로 만드는 것은 정확하지 않지만 안정감과 따듯함을 준다. 그건 마치 할머니가 떠주신 투박하고 촌스러운 목도리와도 같다. 시력이 먹먹한 탓에 코가 하나 빠지고, 고르게 짜여 있지 않더라도 그 목도리에는 할머니의 냄새, 시간, 사랑과 애정이 들어 있어 더 따듯하게 느껴진다. 누군가를 생각하고 만드는 선물은 그 사람을 향해 있다. 상대를 향한 마음이 얼기설기 버무려져 세상에 하나밖에 없는 소중한 선물로 탄생하는 것이리라.

이제 그 방향을 '나'에게로 돌려보자. 나를 위해, 내 하나뿐인 공간을 위해 만드는 소품도 더없는 행복감을 선물한다.

내가 가장 좋아하는 색과 무늬를 넣어 티 코스터를 만들고, 그 위에 따듯한 찻잔 하나를 올리고 커피를 마셔보자. 삐뚤빼뚤하고 서툰 솜씨로 만든 단순한 동그라미 무늬라도 분명 나를 위한 특별한 소품이 될 것이다.

프랑스풍의 리넨 만들기

직사각 모양의 스탬프는 아주 간단하다. 사각형의 지우개를 원하는 두께만큼 반듯하게 잘라주기만 하면 되니까 말이다. 직사각 스탬프를 일렬로 연결해서 찍으면 직선 표현도 가능하다.

자연스러움이 매력적인 무지 기본 리넨에 빨강 패브릭 물감을 연결해서 찍어주고, 그 아래에 얇은 선을 그려주었다. 마치 프랑스풍의 리넨처럼 멋스럽다. 만드는 방법은 간단하지만 소품으로 활용하기에 아주 좋은 재료가 된다. 짙은 파란색이나 짙은 갈색으로 찍어도 좋다.

직사각 모양 연결해서 찍기

준비물 | 스탬프, 패브릭 물감, 스펀지, 종이(이면지, 신문지), 얇은 붓, 무지 리넨, 다리미

1. 지우개를 직사각이 되도록 길게 한 번 자른다.

2. 초크로 준비한 리넨의 위에서 30mm 들어온 지점에 선을 그려준다.

3. 물감을 충분히 묻힌 스펀지를 직사각 스탬프에 콕콕 발라준다.

4. 선을 따라 직선이 되도록 5mm 정도 겹쳐가며 패브릭에 찍는다.

5. 패브릭의 끝부분은 밖으로 나가도록 찍는다.

6. 그 아래에 얇은 붓으로 가는 직선을 그어준다.

7. 30분 정도 자연 건조시키고, 다림질한다.

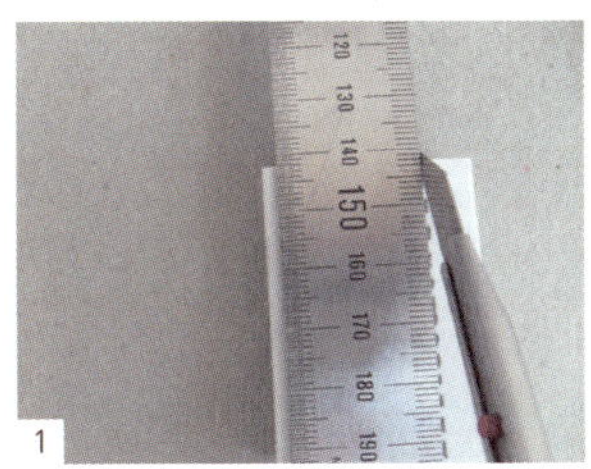

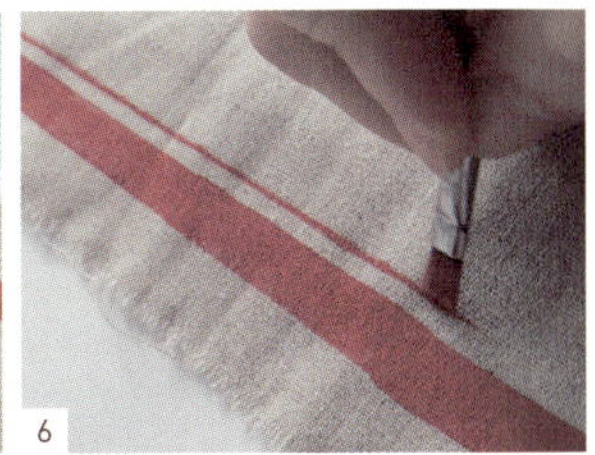

TIP: 패브릭을 물감으로 찍을 때 뒷면에 종이를 깔고 찍어야 바닥에 묻지 않아요. 테이블에 묻은 물감은 마르고 나면 지워지지 않으니 조심하세요! 패브릭으로 소품을 만들 때는 주로 빨아도 잘 줄어들지 않는 워싱 원단을 이용하세요. 다 만들고 나서 사이즈가 맞지 않는 황당한 일이 생기면 안 되니까요!

세모로 만드는
나만의 티셔츠

찾아보면 잘 입지 않거나 방치된 단색 티셔츠들이 많다. 버리기엔 아깝지만 딱히 입지도 않는
그런 티셔츠나 옷가지들에 세모나 네모, 동그라미 등 단순한 모양을 찍어 개성 있게 바꿔보면 어떨까?
장롱 속에 몇 년간 갇혀 있던 쭈글쭈글하거나 얼룩이 있는 티셔츠도 좋다. 후줄근한 티셔츠가
개성 있는 나만의 티셔츠로 변신할 때 느끼는 소소한 행복을 만끽해보자.

개성 있는 티셔츠 만들기

준비물 | 스탬프, 패브릭 물감, 스펀지, 종이(이면지, 신문지), 티셔츠, 팔레트, 다리미

1. 바닥에 종이나 못 쓰는 원단을 깔고 그 위에 티셔츠를 펼쳐놓는다.

2. 패브릭 물감을 팔레트에 덜어, 스펀지에 흡수되도록 콕콕 누른다.

3. 물감을 충분히 묻힌 스펀지를 스탬프에 골고루 발라준다.

4. 원하는 배열대로 스탬프를 티셔츠에 찍는다.

   (다시 찍을 때는 스펀지로 물감을 새로 묻혀주는 것이 좋다.)

5. 30분 정도 자연 건조시키고, 다림질한다.

간단한 방법이지만 새 옷 같은 기분을 느낄 수 있어요.
동시에 내 손으로 새로 만들어냈다는 기쁨까지, 일석이조!
다양한 티셔츠에 원하는 모양, 원하는 색깔로 찍어보세요.
한 가지 모양에 한 가지 색깔로 심플하게 표현해도 좋고,
다양한 모양과 컬러를 섞어 개성 있게 만들어도 좋습니다.
중요한 건 간단한 방법으로 멋진 티셔츠가 완성된다는 거예요!

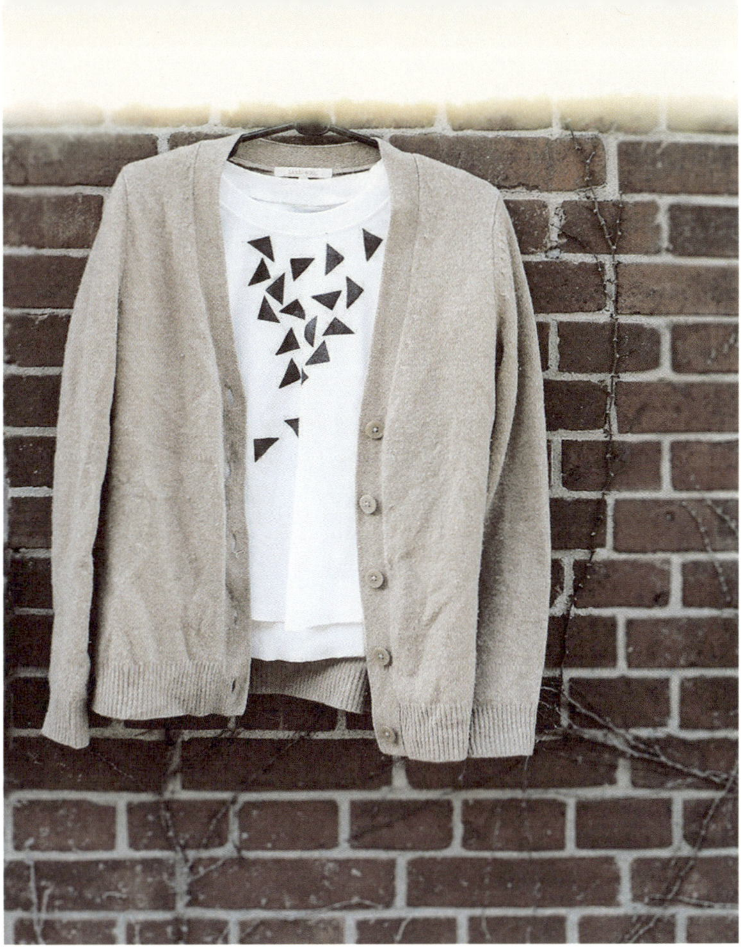

 얼룩이 있는 티셔츠라면 그 부분을 가릴 수 있는 크기의 스탬프로 해당 부분에 찍어주세요. 잘 찍히지 않았거나 실패했다면 조금 더 큰 크기의 스탬프로 다시 찍어주는 것도 방법이에요. 찍을 때는 손바닥 힘을 이용해 수직으로 골고루, 좌우로 흔들리지 않도록 하셔야 하는 것, 잊지 않으셨죠?

심심한 무지 접시에 개성 있는 스탬프로 장식해보자.

접시에 스탬프를 찍는다고 하면 의아한 생각이 먼저 들지도 모르겠다. 또 어렵지는 않을까,

금방 지워지지는 않을까, 음식에 묻어나지는 않을까 하는 걱정부터 생기고 말이다.

하지만 '포슬린 물감'이라는 특수한 물감을 사용해서 찍어주면 지워지거나 묻어나지도 않을

뿐더러, 만드는 방법도 무엇을 상상하든 그 이상으로 간단하다. 일단 찍고 난 후 오븐이나,

오븐 토스터기에 구워주기만 하면 되니 말이다.

접시에 포인트 주기

준비물 | 스탬프, 포슬린 물감, 스펀지, 무지 접시(표면이 너무 매끄럽지 않은 것), 오븐이나 오븐 토스터기

1. 접시는 뜨거운 물로 깨끗이 닦아 자연 건조시키거나, 깨끗한 행주로 불순물을 제거한다.

2. 포슬린 물감을 팔레트에 덜어 스펀지에 흡수되도록 콕콕 누른다.

3. 물감이 흡수된 스펀지를 지우개에 묻혀 접시에 포인트가 될 만큼 몇 곳에 찍는다.

4. 30분 정도 자연 건조시키고, 160도로 예열된 오븐이나 오븐 토스터기에 30분간 굽는다.

TIP : 포슬린 물감은 뻬베오(Pebeo) 제품을 사용했어요.
접시의 표면이 너무 매끄러우면 스탬프를 찍기가 상당히 어려워요. 가능하다면 조금 거친 표면의
접시를 이용하는 것이 좋아요. 스탬프를 찍을 때 너무 세게 누르면 미끄러운 표면 때문에 지우개가
밀리는 현상이 발생할 수도 있으니 손가락으로 눌러주세요.
구워진 접시를 오븐에서 꺼낼 때 뜨거우니 조심하세요!

앞에서 만든 동그라미, 물방울, 직사각 모양의 스탬프로 나만의 개성 넘치는 패브릭을
만들어보자. 좋아하는 색의 패브릭 물감으로 규칙적으로 찍어도 좋고 듬성듬성 찍어도 좋다.
시중에 예쁜 프린트의 패브릭도 많은데 하는 귀찮은 생각이 들 수도 있지만,
기성품의 딱딱함과는 달리 따뜻하고 정겨운 손맛이 느껴지는 나만의 패브릭을 얻을 수 있다.
간단한 소품을 만들어도 좋고, 쓰지 않는 액자에 넣어 허전한 벽에 걸어두면 빈티지한 느낌의
인테리어 소품이 된다.

스탬프로 패브릭에 물방울 모양 찍기

준비물 | 지우개 스탬프, 패브릭 물감, 스펀지, 찍어볼 종이(이면지나 신문지), 워싱 리넨이나 코튼, 팔레트, 다리미, 액자   스탬프 사이즈 | 40~60mm

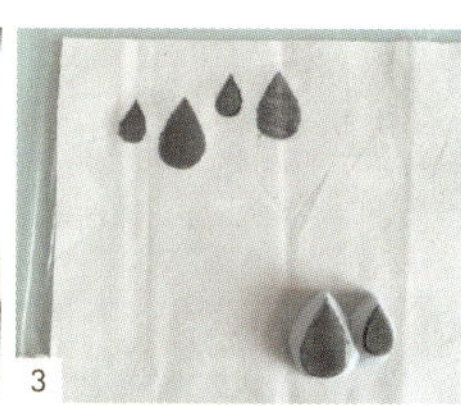

1. 패브릭 물감을 팔레트에 덜어, 스펀지에 흡수되도록 콕콕 누른다.

2. 물감을 충분히 묻힌 스펀지를 물방울 스탬프에 골고루 발라준다.

3. 워싱 리넨이나 코튼에 손바닥으로 꾹꾹 눌러 찍는다.

　(면으로 된 모양과 선으로 된 모양의 스탬프를 적절하게 섞어서 찍어도 좋다.)

4. 30분 정도 자연 건조시키고, 다림질한다.

5. 어울리는 액자를 찾아 넣는다.

TIP :　액자 만들기는 p.132~135를 참고하세요!

스케치로 표현했던 모양들을 스탬프로 만들고, 그 스탬프로 패브릭을 만드는 과정은 생각보다
재미있다. 원하는 방향, 원하는 색에 따라 셀 수 없이 많은 종류의 패브릭이 만들어지니까 말이다.
단순한 쿠션에서부터 포근한 침대 위의 침구까지,
활용하면 할수록 독특하고 따스한 분위기의 공간이 연출된다.

스탬프 연속으로 찍어 패브릭 만들기

준비물 | 지우개 스탬프, 워싱 리넨이나 코튼, 패브릭 물감, 스펀지, 팔레트, 연습용 천, 초크

1. 팔레트에 패브릭 물감을 덜고, 패브릭에 초크로 밑선을 그린다.

2. 스펀지에 패브릭 물감을 충분히 묻혀 물감이 스미도록 한 후 스탬프에 묻힌다.

3. 작은 천이나 못 쓰는 천을 이용하여 테스트해본다.

   (연습 삼아 두 번 정도 찍고 다시 물감을 묻힌다.)

4. 연속적으로 찍을 방향을 정하고, 초크 선을 따라 찍어준다.

5. 30분 정도 자연 건조시킨 후 다림질한다.

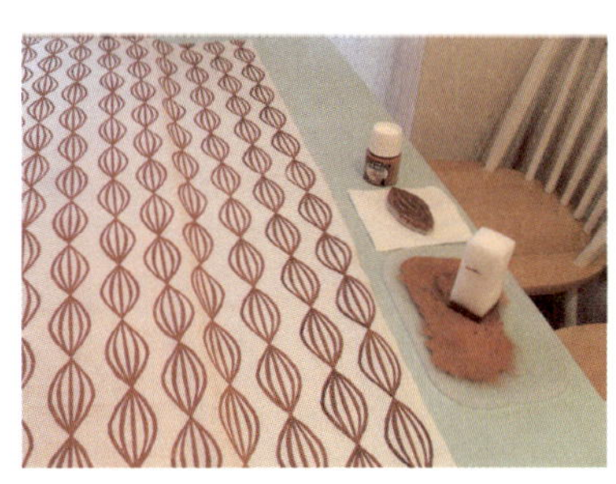

T I P : **일렬로 가지런히 찍는 방법**

일렬로 똑바로 찍는 것이 자신이 없을 경우 초크로 선을 표시해주고 작업해요.

ɑ. 패브릭이 끝나는 지점에서 스탬프가 밖으로 넘어가더라도 끝까지 찍어주는 게 자연스러워요.

b. 한 줄을 끝까지 찍고, 다음 줄을 찍을 때는 무늬를 사이 사이에 넣어주는 느낌으로 찍어요.

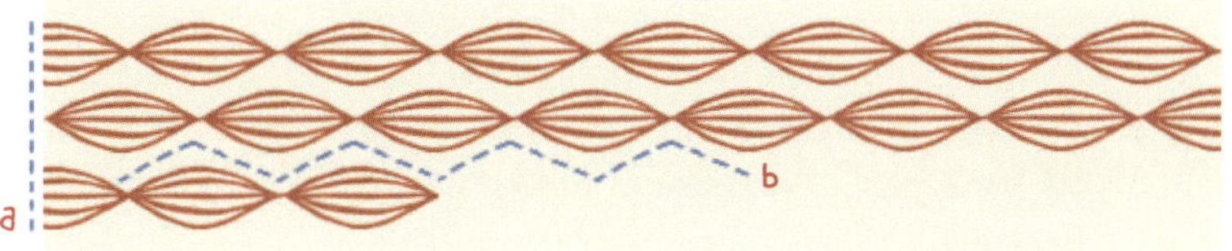

손 바느질로 쿠션 커버 만들기

준비물 | 스탬프 찍은 패브릭(1140×490mm), 실, 바늘, 가위

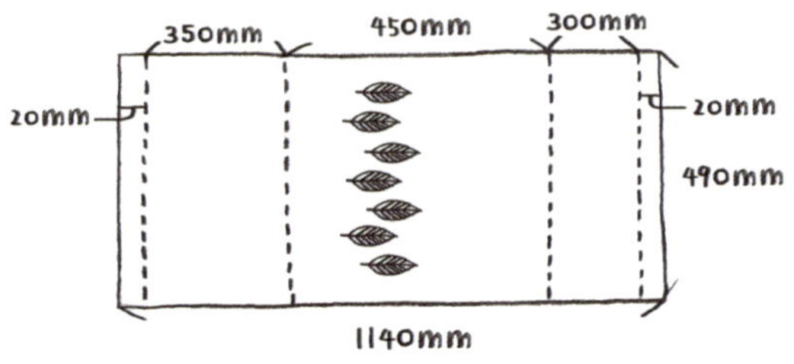

1. 가로 1140mm, 세로 490mm의
패브릭을 준비한다.

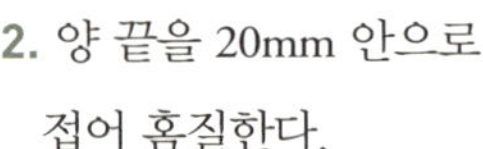

2. 양 끝을 20mm 안으로
접어 홈질한다.

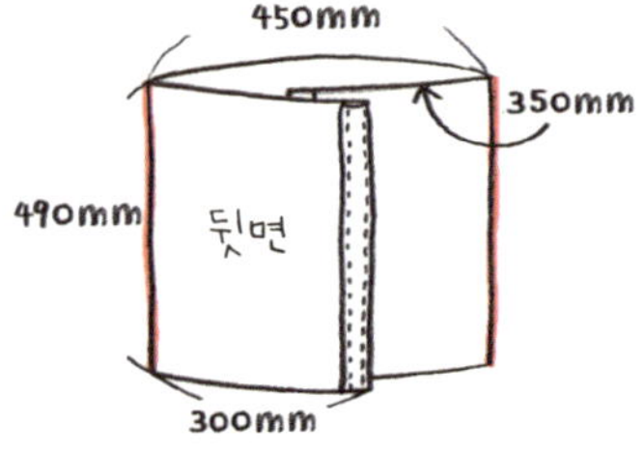

3. 세 면이 겹치게 접어준다.

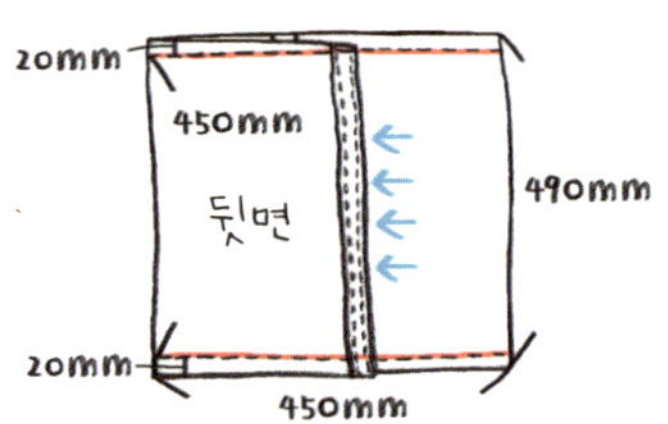

4. 위아래에 20mm의 시접 부분을
남기고 꼼꼼하게 홈질한 후, 그림의
화살표 공간에 손을 넣어 뒤집는다.

point

자주 세탁하는 소품일수록 바느질을 꼼꼼하게 해주면 좋아요.
쿠션 솜은 450×450mm를 사용했어요. 쿠션 솜은 동대문시장이나 원단을 판매하는 쇼핑몰에서
쉽게 구입할 수 있어요.

쿠션용 패브릭을 정할 때 집에 있는 소파나 창문의 형태를 먼저 관찰해보세요.
가구나 구조가 복잡하다면 단순한 무늬의 패브릭을 사용하는 것이 좋고,
반대로 심플하다면 조금 복잡한 패브릭을 사용하면 잘 어울려요.
둘 다 복잡하면 공간이 너무 좁아 보이거나 분위기 자체가 산만해질 수 있으니
기존 공간을 잘 파악해서 안정적으로 연출해보세요.

동그라미로
시크해진 베개 커버

잠을 청하는 공간은 가능한 심플하고 포근한 것이 좋다. 어지러웠던 하루의 생각을
정리하기도 하고, 때론 누워 하릴없이 공상에 잠기기도 하는 곳이기 때문이다.
몸과 마음을 동시에 쉴 수 있게 하는 곳이 바로 이 공간 아닐까? 잠들기 전 잠깐 읽는 소설의
짧은 구절이나 재미난 만화와 함께 마음을 노근노근 녹일 수 있는, 그런 잠자리를 위해 단순한
베개 커버를 만들어보기로 했다. 동그라미 스탬프 하나로 어느 곳에서도 판매하지 않는
시크한 베개 커버를 만들 수 있다.

간단한 베개 커버 만들기

준비물 | 스탬프 찍은 패브릭(1540×450mm), 실, 바늘, 가위

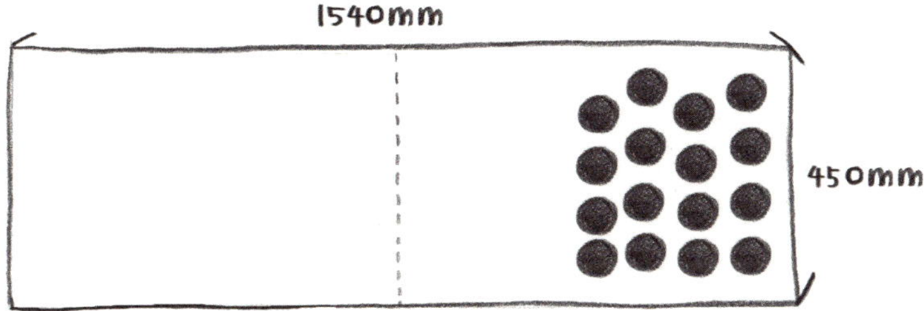

1. 가로 1540mm, 세로 450mm의 동그라미를 찍은 패브릭을 준비한다.

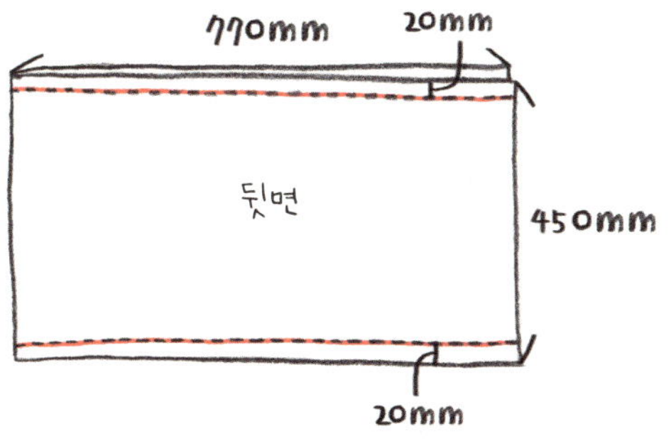

2. 모양이 찍힌 부분이 안으로 들어가도록 반으로 접는다.

3. 위아래에 시접을 20mm 정도 남기고 꼼꼼하게 홈질해준다.

4. 뒤집으면 완성!

TIP : 원단의 올이 풀리지 않는 끝면을 이용하여 베개 커버 세로 면의 마감 과정을 줄였어요. 베개 솜은 400×580mm를 사용했어요.

part2.
두근두근
문방구 주인이 되는 날
내 손으로 나만의 특별한
문구 만들기

A wonderfully refreshing and flavoursome blend of tea, making a traditional-tasting cup of tea for all occasions.

Brewing Instructions
Brew for 3-5 minutes.
Add milk to taste.

어린 시절 와글와글한 노트와 장난감, 물감, 연필 들을 보며, 문방구 주인이 되는 꿈을 꾸곤 했다. 또 가끔씩은 왜 우리 엄마는 문방구 주인이 아닌 걸까 하고 푸념하며 혼자 실망하기도 했다. 물론 어른이 된 지금도 나는 화방 주인이었으면 하는 생각을 하며 종종 웃는다.

나는 문방구나 화방에 종류별로 놓여 있는 종이와 연필, 노트 들이 좋다. 무언가 그려진 노트도 좋지만, 아무것도 없는 상태의 깔끔한 노트를 가져와, 잡지에서 오려낸 사진이나, 좋아하는 패브릭을 붙여 나만의 노트로 재탄생시키는 과정이 즐겁다. 몇 가지 테이프와 좋은 이미지만 있으면 세상에 하나밖에 없는 나만의 노트가 되는 것이다.

그 속에 스케치를 하거나 낙서, 또는 좋은 글귀들도 적고 또 소중한 순간의 이야기를 기록한다. 그렇게 만든 노트들이 몇 년 동안 수십 권이다. 시간이 지나 그 노트들을 보는 것이 얼마나 재미있는 일인지는 직접 만들어보지 않으면 모를 것이다. 지금 보면 불과 몇 년 전의 나의 생각과 낙서가 유치하기도 하고, 때론 기발하기도 하다. 그리고 때로는 스크랩해놓은 오래된 자료들도 유행이 다시 돌아 지금 필요한 자료가 되기도 한다.

노트뿐만 아니라 예전에 만들었던 소소한 소품들도 마찬가지다. 내가 그땐 이런 것도 만들었구나 새삼스럽기도 하고, 별걸 다 만들었네 하며 웃음 짓기도 한다. 어쩌면 문방구 주인이 되는 것이 꿈이었던 어린 시절이나 지금이나 변한 건 크게 없는지도 모른다. 줄곧 그랬듯 올해도 한가득 이야기가 담긴 소품과 노트를 만들고 있으니까.

종이 봉투나 종이 태그에 스탬프만 찍어도 재미있는 포장이 된다.

'카페 이야기'를 운영하던 시절에 자주 이런 방법으로 포장을 하곤 했는데 별것 아닌 것 같지만
받는 분들은 무척 좋아했던 기억이 난다. 지인에게 직접 만든 피클이나 잼을 선물할 때도 종이
봉투에 스탬프를 찍고 스티커나 패브릭 조각을 붙여 포장하곤 했었다.

뭔가 궁금증이 잔뜩 느껴지는 포장, 간단하지만 정성 가득한 포장을 해 소중한 사람들에게 선물을
건네보자. 분명 그 속에 깃든 마음까지 알아줄 것이다.

스탬프로 포장용품 만들기

특별히 만드는 방법은 없다. 유성 스탬프 잉크를 스탬프에 묻혀 원하는 포장용품에
찍어주기만 하면 된다. 종이 봉투, 면 테이프, 종이 태그, 스티커 등에 원하는 모양의
스탬프를 원하는 방식으로 찍어준 후 30분 정도 자연 건조시킨다.

포 장 하 기

종이 봉투에 선물을 담고 리본으로 한 번 묶어준 후
면 끈이나 종이 태그를 마스킹 테이프로 붙여주면 완성이다.

TIP : 유성 잉크로 찍어야 물에 번지지 않아요.
재료들은 베이킹 포장용품을 판매하는 쇼핑몰에서 구입할 수 있어요.

스탬프 스티커 활용하기

무지 스티커에 스탬프를 찍어 개성 만점 스티커를 만들어보자. 포장용품으로 써도 좋지만
다양한 소품에 활용하면 밋밋하고 지루하던 것들이 반짝 반짝 빛을 내기 시작한다.
평범한 연필꽂이, 창가의 화분, 다이어리 등에 붙여 다양하게 연출해보자.

선물은 받는 것도 좋지만, 주는 기쁨도 정말 크죠?
특히, 선물 받은 사람의 기뻐하는 표정을 보고 있노라면
미소 짓지 않을 수 없답니다.
이때 흔하고 뻔한 포장이 아닌,
나만의 표정이 잔뜩 들어간 세심한 포장을 곁들인다면?
상상만으로도 신이 납니다.

소품이 되는
두 가지 노트

패턴이 그려진 노트는 작은 선반이나 테이블 위에 올려놓는 것만으로도 충분히 멋진 소품 역할을
한다. 물론 매일 밤 하루를 정리하는 다이어리로, 지루한 공부에 작은 재미를 주는 아기자기한
필기 노트로 사용해도 좋지만 말이다. 여기에서는 먹음직스러운 빨간 사과가
그려진 노트와, 기분까지 싱그러워지는 나뭇잎 노트를 만들어보자.

사과 노트 만들기

준비물 | 무지 노트, 패브릭 조각, 스펀지, 팔레트, 패브릭 물감(빨간색, 초록색), 스탬프, 마스킹 테이프

1. 팔레트에 패브릭 물감을 덜어 놓는다.
2. 스펀지에 초록색 물감을 묻혀 스탬프의 사과 꼭지 부분에 칠하고, 다른 스펀지에
   빨간색을 묻혀 사과 부분을 칠한다. (스펀지를 두 개로 나누어 사용하면 더 편하다.)
3. 준비한 노트보다 조금 작은 크기의 패브릭 조각에 스탬프를 찍는다.
   (면적이 넓은 스탬프일수록 손바닥을 이용해 여러 번 골고루 꾹꾹 눌러준다.)
4. 30분 정도 자연 건조시킨 후 다림질한다.
5. 마스킹 테이프를 이용해 노트에 붙여주면 완성!

TIP: 사과 모양 스탬프처럼 크기가 큰
스탬프는 포인트 커튼으로 활용해도 좋아요.
무지 워싱 리넨이나 코튼에 일렬로 쪼르르 찍
어주기만 하면 되니, 간단하죠?

간단하지만 특유의 손맛이 느껴지는 노트랍니다.
화려한 색깔과 무늬를 자랑하는 시중에 파는 노트들도 많지만,
만드는 추억까지 남겨주는 나만의 노트는 그 어떤 걸로도 대신할 수 없을 것 같아요.
선반에 기대어 놓으니 유명 작가의 회화 작품이 부럽지 않네요.

나뭇잎 노트 만들기

준비물 | 무지 노트, 유성 스탬프 잉크, 스탬프

이번에는 유성 잉크를 활용하여 노트에 직접 찍어보자. 만드는 방법은 무척 간단하다. 원하는 크기와 모양의 무지 노트에 유성 잉크를 잘 묻힌 스탬프를 골고루 찍어주기만 하면 끝! 일렬로 찍어도 재미있고, 심플하게 귀퉁이에 하나만 찍어주어도 멋스럽다.

봉주르,
종이 코스터

시중에서 판매하고 있는 다양한 종류의 무지 제품에 직접 만든 스탬프만 찍어도
소중하고 특별한 소품이 된다. 좋아하는 모양을 스케치해서 스탬프를 만들고,
좋아하는 색을 골라 원하는 제품에 찍기만 하면 되니 두말할 필요 없이 초 간단!
티 코스터는 집에서 커피와 차를 즐겨 마시는 사람들에게 선물하기 좋은 아이템이다.
선물 받는 사람의 취향을 고려해 스탬프를 선택해 만들어서, 앞에서 만들었던
종이 봉투에 담아 선물하면 어떨까?

나만의 티 코스터 만들기

준비물 | 무지 종이 코스터, 유성 스탬프 잉크, 스탬프, 바니시

1. 유성 스탬프 잉크를 스탬프에 묻혀
종이 코스터에 찍어준다.

2. 30분 정도 자연 건조시킨 후 사용하면 된다.

3. 종이 코스터 앞뒤로 마감제(바니시)를
발라주면 오래 사용할 수 있다.

TIP : 종이 코스터는 방산시장의 베이킹 포장용품 판매하는 곳이나
인터넷 쇼핑몰 스탬프하우스(www.stamp-house.co.kr)에서 구입할 수 있어요.
유성 스탬프 잉크를 사용해야 물이 닿아도 번지지 않아요.

나를 표현하는 스탬프 명함

명함 한 통 다 쓰기가 참 쉽지 않다. 물론 사람을 많이 만나는 직업을 가진 사람이라면 이야기가 다르겠지만, 나처럼 프리랜서이거나 새로운 사람을 많이 만나는 직업이 아니라면 늘 명함 한 통을 다 쓰기도 전에 전화번호나 주소가 바뀌거나, 디자인이 낡아버린 듯한 인상을 받는다.

그래서 든 생각이 나를 잘 표현한 명함을 조금씩 만들어 상황에 맞게 사용한다면 어떨까 하는 것이었다. 오랜만에 만나는 동창에게, 직업상 만나는 사람에게, 블로그 이웃에게 각각 다르게 디자인한 명함을 건네는 것도 재미있지 않을까?

개성 만점 스탬프 명함 만들기

준비물 | 명함용지, 유성 스탬프 잉크, 스탬프

1. 스탬프에 유성 스탬프 잉크를 묻혀 명함용지에 찍어준다.

2. 원하는 모양의 스탬프를 원하는 방식대로 찍고 유성펜으로 주소와 전화번호를
   적는다. (앞뒷면을 다 사용해도 되고 한 면만 사용해도 상관없다.)

3. 30분 정도 자연 건조시킨다.

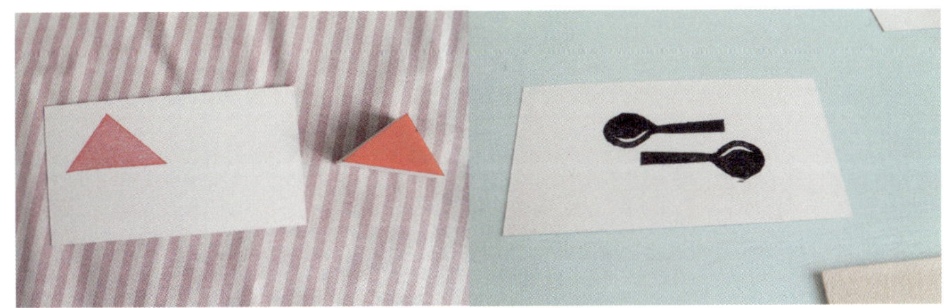

TIP : 명함용지는 명함뿐만 아니라 작은 엽서처럼 꾸며서 선물해도 좋아요.

하와이에서 날아온
카드 케이스

매일매일 사용하는 카드 케이스를 내 손으로 만들어보면 어떨까?

리넨으로 간단하게 만들어 좋아하는 모양의 귀여운 스탬프로 장식만 해주면 된다.

즐겨가는 카페나 상점의 마일리지 카드를 넣어도 좋고, 교통카드를 넣어 가방 앞 주머니에 달아도

좋을 만한 소품이다. 때로는 명함을 넣어 미팅 자리에서 뽐내도 좋다. 내가 좋아하는 명랑한

무늬를 넣은, 세상에 하나밖에 없는 카드 케이스로 개성 있는 이미지를 표현해보자.

카드 케이스 만들기

준비물 | 리넨(360×80mm), 바닥지(100×55mm), 패브릭 물감, 스탬프, 바늘, 실, 가위

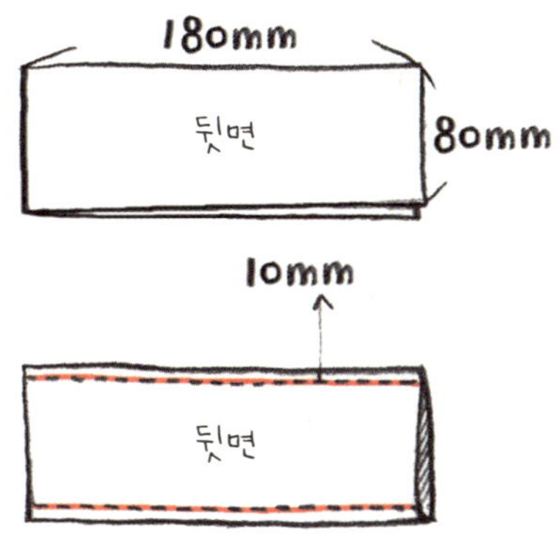

1. 준비된 리넨을 반으로 접어준다.

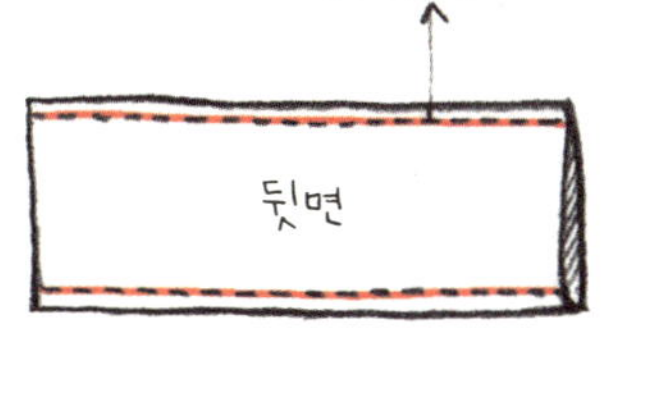

2. 위아래에 10mm의 시접을 남기고
   홈질한 후 뒤집는다.

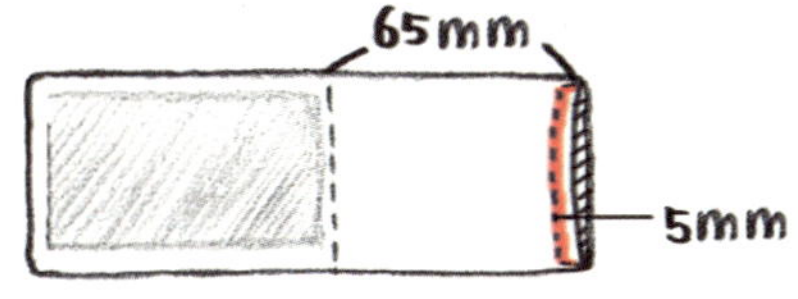

3. 뒤집은 리넨 안에 바닥지를 넣고,
   표시된 5mm를 접어 넣어 감침질한다.

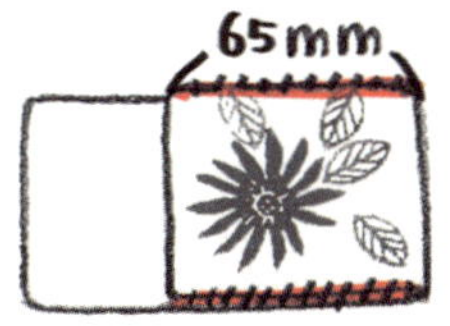

4. 65mm만큼 접어 위아래를 꿰매주고,
   만들어 놓은 스탬프를 찍는다.

TIP: 다 만든 카드 케이스를 벽에 붙여두면 멋진 소품 역할을
톡톡히 합니다. 간단한 영수증이나 메모지를 넣어두어도 되겠죠?
바닥지는 원단을 판매하는 쇼핑몰에서 구입할 수 있어요.

스탬프로 특별해진
매거진 박스

작업을 하다 보면 참고 도서와 스케치 노트, 스크랩 파일들이 넘쳐나게 된다. 대부분의
파일과 잡지는 일반적인 책보다 커서 보통 책꽂이에는 잘 들어가지 않고, 수시로
꺼내보는 것들이어서 따로 보관하는 것이 편리하다. 이때 손쉽게 이용하게 되는 것이
매거진 박스인데, 시중에서 판매하는 밋밋한 디자인보다는
나만의 센스가 느껴지는 특별한 매거진 박스를 사용해보는 건 어떨까?
그 자체만으로도 깔끔한 책상 정리는 물론이고, 인테리어 효과도 낼 수 있다.

스탬프 매거진 박스 만들기

준비물 | 무지 매거진 박스, 유성 스탬프 잉크, 스탬프, 종이(신문지나 이면지)

1. 스탬프에 유성 스탬프를 묻혀 매거진 박스에 찍는다.
2. 배열은 방향성이 있게 한쪽으로 찍어도 되고, 방향성 없이 지그재그로 찍어도 좋다.
   (전면 다 찍어도 되고, 일부분만 찍어도 상관없다.)
3. 끝 부분은 아래에 종이를 깔고 끝까지 찍어준다.
4. 30분 정도 자연 건조시킨다.

TIP : 어두운 색 매거진 박스를 구입해
밝은 색 스탬프 잉크로 찍어도 멋스러워요.
매거진 박스는 이케아 쇼핑몰에서 구입했어요.

어린 시절 보물처럼 모아 두었던 메모지와 카드, 엽서, 편지 들이 커다란 박스로 한가득이다.
유년 시절의 어설픈 그림이 그려져 있는데다 맞춤법도 죄다 틀렸지만 생각날 적마다 그것들을
꺼내 보며 추억에 젖곤 한다. 내가 손수 만든 귀여운 카드 하나를 소중한 친구와 주고받으며
너무나도 행복하고 감사했던 어린 시절 말이다.
지금은 정말 보잘 것 없어 보이지만, 당시엔 친구의 정성이 너무 고마워 두 손에 꼭 쥐고 집으로와
나만의 보물 상자에 쏙 넣어두었다. 그런 소소한 감정이 지금도 통할까, 하는 생각이 문득 든다.
그러기에는 세상의 바람이 나를 너무 마른 명태처럼 꾸덕꾸덕 말려 놓은 것은 아닌지…….
잠깐 지우개 스탬프를 옆에 두고, 작은 것에도 감동할 줄 알았던 소중한 시절을 꺼내 작고 귀여운
곰 모양의 카드를 만들어보자.

곰 모양 카드 만들기

준비물 | 두꺼운 색상의 종이, 색종이, A4용지, 가위, 풀, 연필 또는 색연필

1. 직사각형 모양의 종이를 반으로 접는다.

2. 반으로 접은 종이 한쪽 면에 연필로 곰 모양을 그리고 접힌 귀 부분(흰색 선 부분)이
   연결되도록 가위로 오린다.

3. A4용지에 눈과 입, 손과 발, 꼬리 부분을 연필로 그려 오린다.

4. 적당한 위치에 오려둔 종이를 풀로 붙인다.

5. 뒷 부분에 동그란 꼬리를 풀로 붙인다.

6. 색종이로 귀와 코, 턱받이를 그려서 오린 후 원하는 위치에 풀로 붙인다.

7. 눈과 입을 색연필로 그려주면 완성.

TIP : 반을 접어서 만드는 카드는 세워둘 수 있어서 좋아요. 단 종이가 얇으면 세워지지 않으
니 주의하세요! 토끼, 고양이, 코끼리 등 아이들을 위한 카드로 만들어도 좋아요!
진한 색 종이로 만들었다면 카드에 내용을 쓸 때는 흰색 펜을 이용하세요.

이번에는 어린 시절 종종 접했던 색종이로 간단하고 재미있는 엽서를 만들어보자.

요즘 나오는 색종이는 예전에 쓰던 한 면에만 색이 입혀져 있던 얄팍한 색종이와 달리 양면이고

색의 종류도 확연하게 많아졌다. 종이는 조금 더 부드러워지고, 색감도 훨씬 선명해졌다.

종이는 달라졌어도 추억 속 색종이 놀이는 여전히 즐겁다. 어린 시절 네모나고 반듯한 색색의 종이가

잘려나가 조각이 되는 것이 참으로 싫었다. 그래서 그 조각을 버려야 하나 말아야 하나를 놓고

고민했던 기억이 난다. 그 성격은 아직도 변함이 없다. 요즘도 잘려나간 패브릭을 버려야 하나 말아야

하나로 고민하니까 말이다. 울퉁불퉁 가위질을 잘 못해도 색종이 오리기로 간단하고 매력적인 엽서를

만들 수 있다. 잠시 어린 시절로 돌아가 색종이를 오려보자. 그때의 그 기분을 만끽하면서 말이다.

단지 달라진 점이 있다면 그때는 그렇게 크게만 느껴졌던 가위가 손에 꼭 맞는다는 점뿐일 것이다.

눈사람 일러스트 엽서 만들기

준비물 | 엽서용지 또는 엽서 크기로 자른 종이, 색종이, 가위, 풀, 연필 또는 색연필, 마스킹 테이프

1. 원하는 색상의 색종이를 직사각형이 되도록 이등분해 반으로 접고,
   다시 반으로 접는다.
2. 두 번 접은 색종이에 연필로 눈사람 모양을 그려준다.
3. 연필 선을 따라 오린다. (색종이 앞뒷면 색이 다르므로 두 가지 색깔의 눈사람 4개가
   만들어진다.)
4. 엽서용지의 원하는 위치에 눈사람을 풀로 붙이고, 초록색 색종이와
   마스킹 테이프로 꾸며준다.
5. 연필이나 색연필로 눈사람의 눈과 입, 눈이 내리는 모습을 그려주면 완성.

TIP : 엽서용지를 이용하면 종이를 자르는 번거로움을 피할 수 있어요. 엽서용지는 화방에서
쉽게 구할 수 있어요. 색종이를 여러 번 접어서 자르면 한 번에 여러 개의 모양을 얻을 수 있어요.
단, 너무 많이 접어서 종이가 두꺼워지면 가위질이 힘들고, 예쁘게 안 잘리니 참고하세요.

part3.
카페같이 상냥한
우리 집에 놀러오세요

아기자기한 우리 동네

카페 소품 따라 만들기

카페를 좋아하는 사람이라면 누구나 한번쯤은 좋아하는 카페의 인테리어를 고스란히 나의 공간으로 옮겨 놓고 싶다고 생각해본 적이 있을 것이다. 카페 인테리어 중 하나만이라도 내 공간으로 옮겨 놓는다면 봉지 커피조차도 여느 카페의 카푸치노처럼 느껴질지 모른다는 상상 말이다.

카페의 커피는 왜 그리도 맛있게 느껴지는 걸까? 카페에서 보는 책들은 왜 머릿속에 쏙쏙 잘 들어오는 걸까? 카페 안에 고요하게 울리는 음악은 왜 이렇게 마음을 술렁거리게 하는 걸까? 좋아하는 카페에 앉아 있으면 종종 이런 질문들을 떠올리게 된다. 물론 집과는 전혀 다른 낯선 공간이기 때문에 카페에선 더욱 집중이 잘 되는지도 모른다. 혹은 내 것과는 전혀 다른 카페의 테이블이나 의자, 단정하게 정리된 책들, 깨끗하게 닦여 가지런히 배열된 식기들, 세심하게 선곡된 음악들 때문일지도 모른다.

종종 카페에 앉아 뜨거운 아메리카노를 마시며 스타일이 멋진 여성을 머리부터 발끝까지 훑어 내리듯 카페의 분위기를 찬찬히 살핀다. 마음이 넓을 것 같은 테이블에 제각기 성격이 달라보이는 의자들, 깨끗한 벽면에 올려진 상상력 넘치는 그림들, 짙은 커피 향이 날 것 같은 마룻바닥, 닿는 곳을 모두 물들일 것 같은 노란 조명…… 내 눈은 이미 신나는 여행을 하고 있다.

눈의 여행이 가장 즐거웠던 곳은 부암동의 데미타스였다. 공간은 무척이나 작았지만, 천장부터 바닥까지 눈으로 그곳을 몇 바퀴나 돌아 어지러울 지경이었다. 흰 수염이 나 있을 듯한 연륜이 묻어나는 반듯한 기와지붕 아래, 좁고 가파른 나무계단을 따라 2층에 들어섰다. 창을 통해 들어오는 뽀얀 햇빛과 어린아이의 우윳빛 볼처럼 하늘하늘한 커튼이 환하게 나를 맞이했다. 그리고 작은 공간의 3분의 1이나 차지하며 차곡차곡 쌓아 올려진 다양한 색과 모양의 북유럽 식기들에 마음이 두근거렸다.

구석구석에 뿌려놓은 것 같은 각각의 식기들은 그 자체만으로도 멋진 인테리어
였다.

'머리가 무거운 날엔 초콜릿 색의 두껍고 투박한 잔에 생강과 레몬, 꿀을 넣어 마
시면 좋겠다', '노란 꽃무늬가 촘촘한 클래식한 잔엔 허브 티를 마셔도 좋겠는 걸'
하고 혼자 중얼댄다. 무심한 듯 걸려 있는 커튼이나 세심하게 놓인 컵들, 옹기종
기 모여 있는 상큼한 쿠션들 중 하나만이라도 나의 공간에 옮겨놓으면 어떨까?
어울릴까? 어색할까? 커피를 마시면서 나는 고민 같지 않은 즐거운 고민을 한다.
즐거움을 주는 이런 것들을 내 공간으로 옮겨, 거창하고 복잡한 인테리어 대신
간단하게 내 식대로 패브릭을 만들고 쿠션이나 작은 창을 가려주는 포인트 커튼
을 만들어, 작고 쉽지만 효과적인 인테리어를 해보면 어떨까? 한 평의 작은 공
간이라도 책을 읽거나, 그림을 그리거나, 커피를 마시기에 적합한 나만의 장소를
만드는 것이 우리가 실제로 할 수 있는 인테리어의 시작일지도 모른다.

우선 집과 어울릴만한 무늬와 색을 생각해보자. 그리고 그 무늬를 스케치해서
스탬프로 만들고 그 스탬프로 자연스러운 패브릭을 만들어보자. 원하는 방향,
원하는 색에 따라 셀 수 없이 많은 종류의 패브릭을 만들 수 있다. 그리고 이 패
브릭을 단순한 쿠션에서부터 포근한 침대 위의 침구까지 다양하게 활용하여 따
스한 카페 같은 집을 연출해보자.

여름에는 하얀 리넨에 짙은 녹색 나뭇잎 모양을 찍어 나만의 에코백을 만들고, 겨울에는 감색 코튼에 새하얀 눈사람 모양을 찍어 크리스마스와 어울리는 커튼을 만들어보자. 원하는 크기로 잘라 사방으로 올이 풀리지 않게 박음질만 해주면 근사한 식탁보 하나가 뚝딱 완성된다.

물감이 조금 삐져나오면 좀 어떤가, 바느질이 좀 서툴면 어떤가, 오히려 기계처럼 정렬되지 않은 스티치와 패턴이 더 자연스럽고 멋스럽게 느껴질 것이다. 자신의 온기와 감성이 고스란히 배어 있으니까 말이다.

지금부터 카페처럼 상냥하게 말을 건네는 우리 집을 만들어보자.

만드는 방법은 더할 나위 없이 간단하지만, 효과는 큰 소품이 바로 티 코스터이다.
여러 종류의 패브릭으로, 티 코스터를 만들어보자. 한가로운 오후의 티타임,
차를 우리거나 커피를 내리는 시간 동안 티 코스터를 고르는 재미를 맛보게 될 테니 말이다.
상상만으로도 참으로 즐거운 고민이지 않은가. 오늘 나는, 귀여운 숟가락 모양이 그려진
티 코스터를 고르기로 했다.

패브릭 티 코스터 만들기

준비물 | 스탬프 찍은 리넨(240×110mm), 실, 바늘, 가위

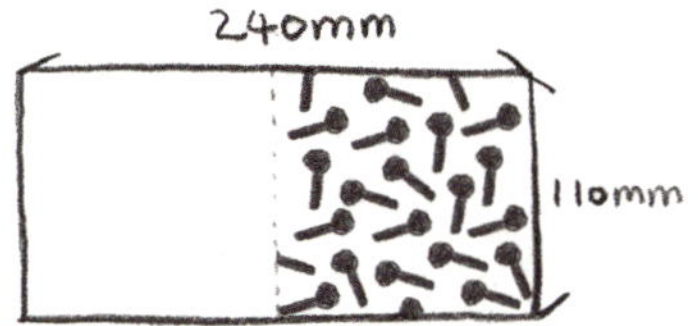

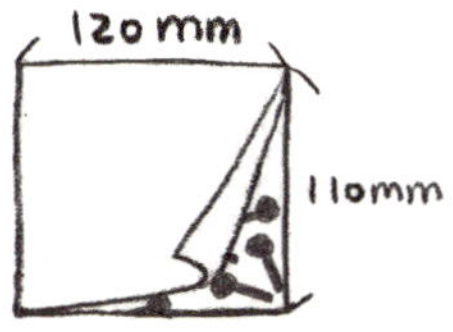

1. 지우개 스탬프로 만든
패브릭을 준비한다.

2. 프린트가 안쪽으로
들어가도록 반으로 접는다.

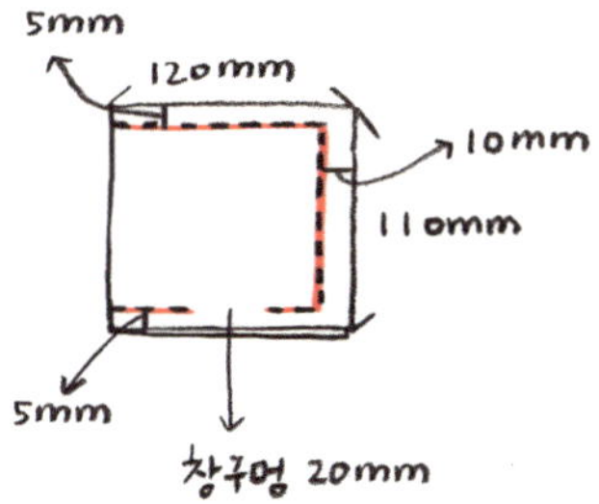

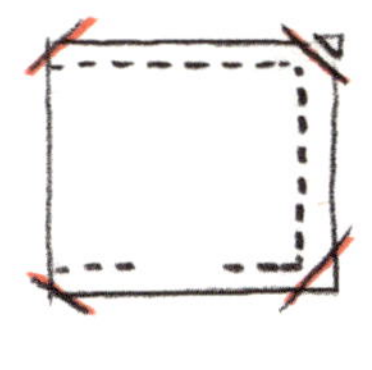

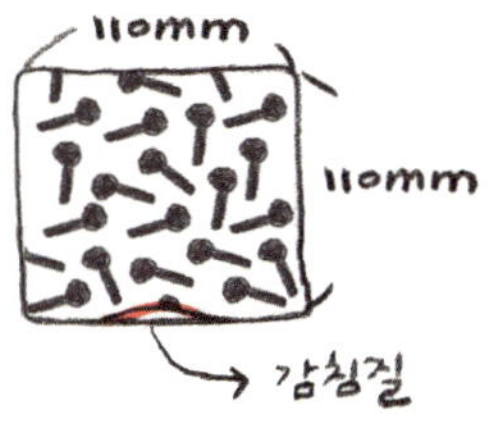

3. 시접은 5mm, 10mm,
창구멍은 20mm를 남기고
홈질로 바느질한다.

4. 사각을 적당히
잘라준다.

5. 뒤집어 사각을 잘
정리하고, 감침질로
창구멍을 막아주면 완성.

T I P : **빽빽하게 찍으려면 어려울 수 있으니, 쉽게 만들고 싶다
면 듬성듬성 찍어주세요. 코스터의 사이즈는 더 크거나 작아도 상
관없고, 꼭 정사각형이 아니어도 괜찮아요. 홈질을 할 때는 작은
땀으로 꼼꼼하게 해주면 빨아도 올이 잘 풀리지 않아 좋아요.**

part1에서 직사각형 스탬프를 연속으로 찍어서 만들었던(p.32) 패브릭을 가지고
테이블클로스를 만들어보자. 만드는 방법은 앞에서 보았던 티 코스터와 비슷하다.
같은 그릇에 같은 반찬이라도, 테이블클로스를 깔아놓으면 멋스러운 카페 브런치 같은
기분을 낼 수 있다. 크기는 집에 있는 테이블 크기에 따라 조금 크게, 혹은 작게 만들어도
상관없다. 여럿이서 식사하는 자리라면 같은 테이블클로스를 깔아 단정한 분위기를 연출해도
좋지만, 각기 다른 프린트를 깔아도 재미있다.

◇◇◇◇◇◇◇◇◇◇◇◇◇◇◇

테이블클로스 만들기

◇◇◇◇◇◇◇◇◇◇◇◇◇◇◇

준비물 | 스탬프 찍은 리넨(240×320mm), 실, 바늘, 가위

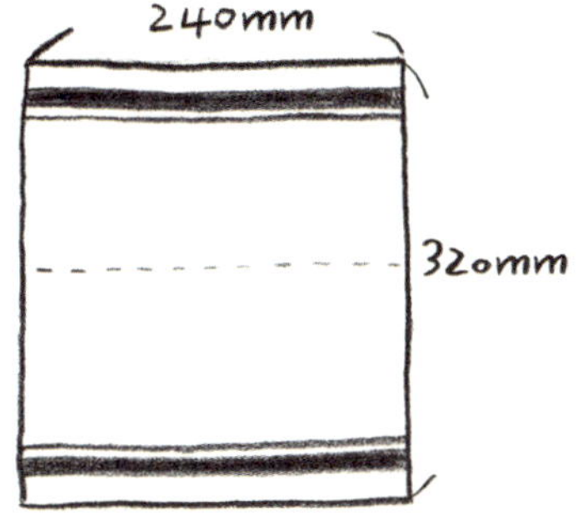

1. 직사각형 스탬프로 무늬를
넣은 패브릭을 준비한다.

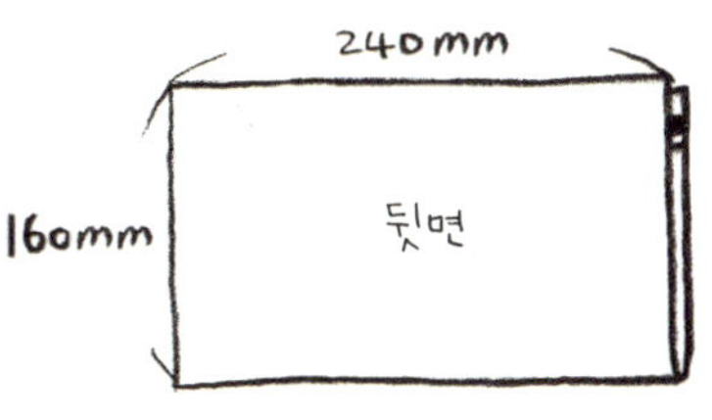

2. 프린트가 안쪽으로
들어가도록 반으로 접는다.

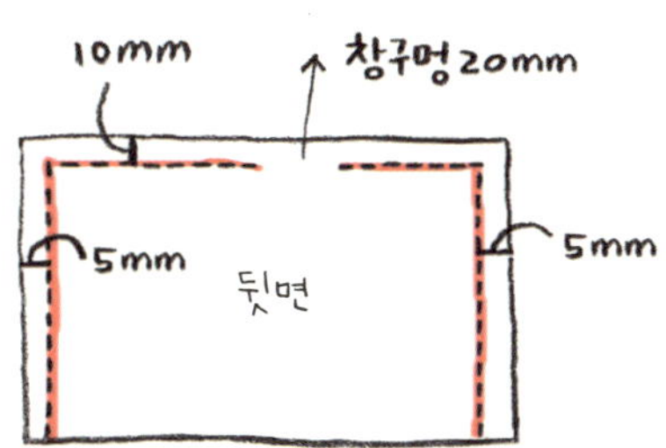

3. 시접은 각 5mm, 10mm,
창구멍은 20mm를 남기고
홈질로 바느질한다.

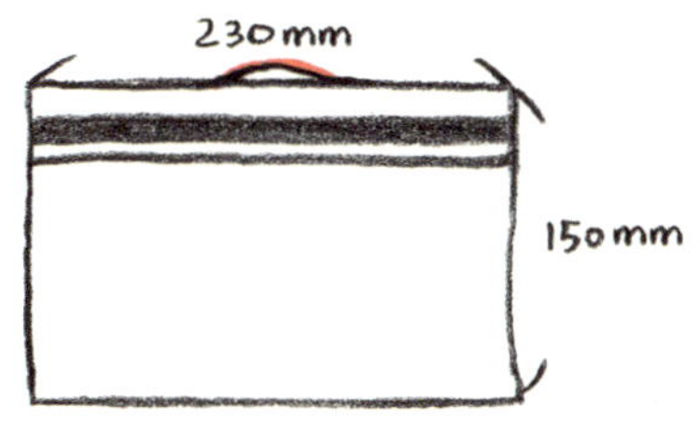

4. 모서리의 사각을 적당히
잘라내고 뒤집어 감칠질로
창구멍을 막아준다.

북유럽의
에이프런처럼

늦은 점심을 먹은 나른한 오후, 싱크대 한쪽에 다 먹은 빈 그릇들이 쌓여 있다.

귀찮은 설거지를 할 때, 기분이 좋아질 만큼 마음에 꼭 드는 에이프런이 있다면 얼마나 좋을까?

설거지 자체가 없어지는 것은 아니지만 보드라운 촉감과 명랑한 무늬 덕에 귀찮음이 조금은 사라질

것이다. 꼭 설거지뿐만 아니라 그림을 그리는 작업이나 스탬프를 찍는 작업, 청소나 기타 다른

집안일을 할 때도 귀여운 에이프런이 있다면 일 자체가 즐거워지지 않을까?

준비물 | 워싱 광목(1100×450mm), 허리끈(900×25mm), 스탬프 찍은 조각 패브릭, 패브릭 본드, 다리미, 실, 바늘, 가위

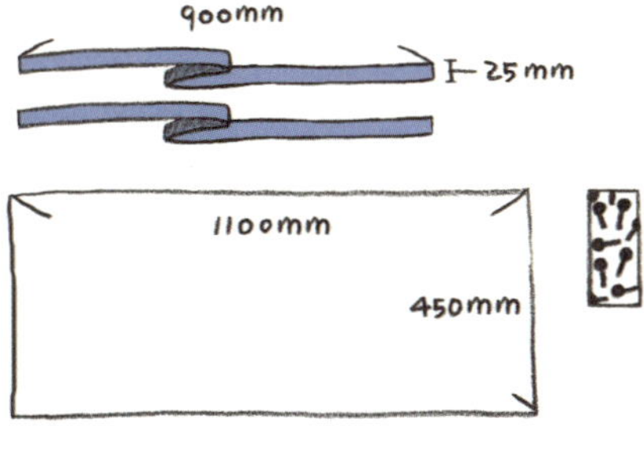

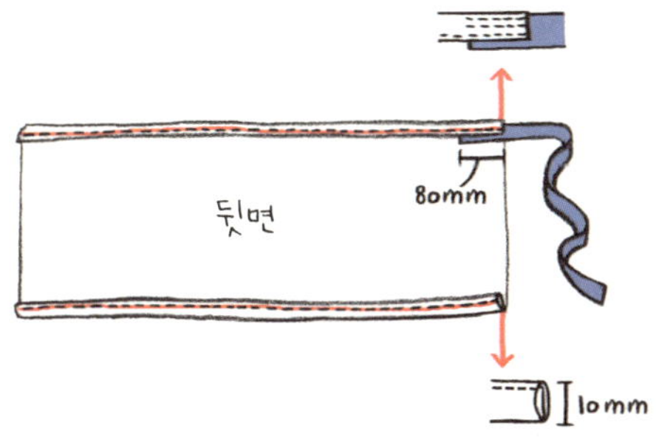

1. 워싱 광목과 스탬프를 찍어 놓은 조각 패브릭을 준비한다.

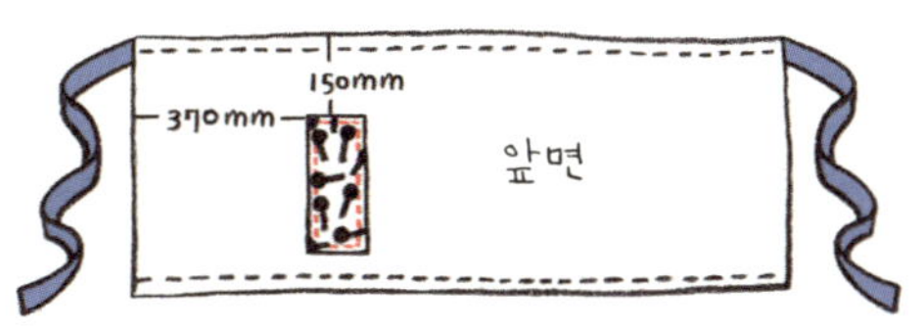

2. 위아래 10mm씩 두 번 접어 다림질해주고 80mm 안으로 허리끈을 넣어 같이 홈질한다.

3. 위에서 150mm, 왼쪽에서 370mm 지점에 포인트 패브릭을 패브릭 본드로 붙인 후 홈질한다.

TIP : 에이프런 전체에 무늬가 들어가게 만들어도 좋고, 위의 과정처럼 작은 포인트 패브릭을 만들어 원하는 위치에 달아주어도 좋아요. 에이프런을 다 만들어 놓고 스탬프를 찍어도 상관없어요.

'카페 이야기'를 그만두고 가장 크게 변한 것 중의 하나가
바로 식생활이에요. 불규칙한 생활 때문에 많이 지쳐서
건강에 적신호가 반짝반짝하던 때였거든요. 채식 위주의 식생활을 하기로 결정하고,
직접 이것저것 건강식을 만들어 먹기 시작했어요.
그러다 보니 키친웨어에 관심을 가지게 되었나 봐요.
에이프런이며, 티 코스터며, 테이블클로스며 전부 제 손으로
만들어 쓰다보니 식사 시간이 두 배는 더 즐거워졌답니다.
햇볕 좋은 날, 직접 만든 음식을 예쁜 클로스 위에 올려 먹고,
귀여운 에이프런을 입고 설거지를 마치고,
멋스러운 티 코스터를 깔고 마시는 차 한 잔의 소중함이란……
직접 경험해보시면 얼마나 좋은지 알게 될 거예요.

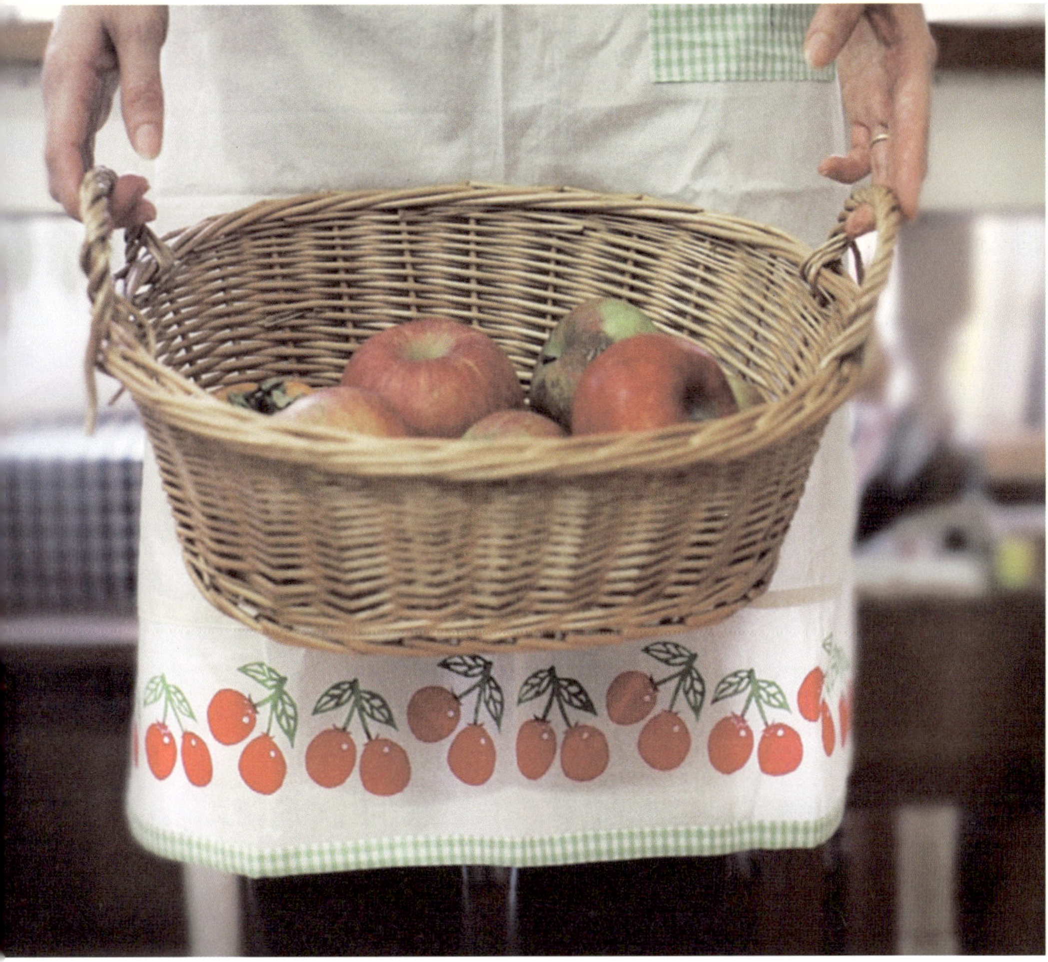

여러 가지 모양의 에이프런을 준비해서 계절별로, 날씨별로
때로는 기분에 따라 다르게 사용해보세요. 이런 게 바로 소소한 즐거움이죠!

보송보송한
나뭇잎 무늬 티타월

모든 것을 전부 직접 만들기가 부담스럽다면 기존의 제품에 자신만의 스타일을 입혀보는 것은 어떨까?
마트나 인터넷 쇼핑몰에서 저렴한 가격에 티타월을 구입할 수 있다. 내가 산 것은 이케아 제품을 파는
사이트에서 900원에 구입한 타월이다. 물론 그냥 써도 되겠지만, 스탬프를 찍어 세상에 하나밖에 없는
타월을 만들었다. 주방 한쪽에 걸어 놓아도 좋고, 뜨거운 주전자를 올려두거나 잔을 놓고 티타임을 위한
테이블클로스로 사용해도 멋진 소품이 된다.

나뭇잎 무늬 티타월 만들기

준비물 | 무지 타월, 나뭇잎 스탬프, 패브릭 물감, 스펀지, 팔레트, 다리미, 종이

1. 바닥에 종이를 깔고 팔레트에 물감을 덜어 놓는다.

3. 스펀지에 물감을 묻힌 후 나뭇잎 스탬프에 톡톡 바른다.

4. 타월에 그려진 선을 따라 나뭇잎 스탬프를 사선으로 찍는다.

5. 30분 정도 자연 건조시킨 후 다림질한다.

TIP : 자연 건조시킨 후 다림질을 해주면
세탁을 해도 지워지지 않으니 안심하세요!

꽃잎 모양 티타월 만들기

준비물 | 무지 타월, 꽃잎 스탬프, 패브릭 물감, 스펀지, 팔레트, 다리미, 종이

1. 바닥에 종이를 깔고 팔레트에 물감을 덜어 놓는다.

2. 스펀지에 물감을 묻힌 후 꽃잎 모양 스탬프에 톡톡 바른다.

3. 타월에 그려진 선을 따라 스탬프를 찍는다.

4. 두 번째 줄은 첫 번째 줄 사이사이를 채운다는 느낌으로 엇갈려 찍는다.

5. 30분간 자연 건조시킨 후 다림질한다.

다양한 종류의 티타월을 만들어보세요.
주방에서 키친타월로 쓰거나, 앞에서 이야기한 것처럼
차를 마실 때 써도 좋지만 화사한 색으로 무늬를 찍어
벽에 걸어 두면 훌륭한 인테리어 소품이 됩니다.
또 양 끝에 끈을 매달아 에이프런으로 사용해보는 건 어떨까요?
생각하기에 따라 얼마든지 다양한 용도로 활용될 수 있는,
참으로 기특한 타월입니다.

자연을 생각하는
에코 슬리브

커피 전문점을 자주 이용하는 사람이라면 꼭 만들어 볼 만한 소품이다.

늘 드는 생각이지만, 일회용 컵과 종이 슬리브는 한 번 쓰고 버리기엔 너무 아깝다.

종이 슬리브는 재생지를 사용한다고 하니 죄책감을 덜 느낄 수도 있지만, 이것도

70퍼센트만 해당된다고 한다. 컵은 가지고 다니기 번거롭지만 슬리브는 간단하니, 가방에

쏙 집어넣고 학교에서, 사무실에서 필요할 때마다 꺼내 써보자.

자연도 생각하고, 컵도 감각적으로 변한다면 만들지 않을 이유가 없지 않을까?

에코 슬리브 만들기

준비물 | 일회용 슬리브, 리넨(같은 크기 2장), 초크, 스탬프, 패브릭 물감, 스펀지, 팔레트, 다리미, 실, 바늘, 가위

1. 적당한 크기로 자른 리넨 한 장에 일회용 슬리브를 대고 초크로 본을 뜬다.
2. 1을 뒤집어 스탬프를 찍을 위치에 초크로 표시하고, 표시 선을 따라 스탬프를 찍는다.
3. 30분 정도 자연 건조시킨 후 다림질한다.
4. 스탬프가 찍힌 부분이 안쪽으로 가도록 리넨 두 장을 겹쳐, 창구멍 20mm를 남기고 홈질한다.
5. 시접을 5mm 정도 남기고 가위로 잘라낸 후 뒤집어 창구멍을 감침질한다.
6. 일회용 컵에 대어 겹쳐질 위치를 정하고 겹치는 부분을 홈질하면 완성이다.

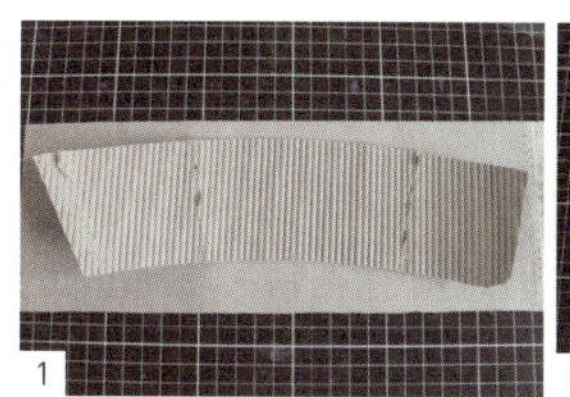

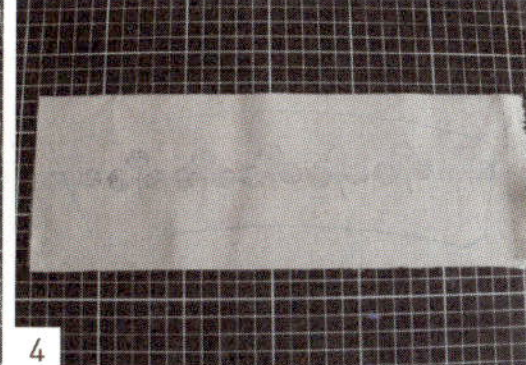

TIP : 다양한 크기의 컵을 사용하려면 슬리브에 벨크로테이프(일명 찍찍이)를 달아주세요. 패브릭이 너무 얇으면 온도가 그대로 전달될 수 있으니, 접착심을 넣거나 두꺼운 패브릭으로 만들어주세요.

너무 많이 사용해서 지루해진 무지 접시나 컵 또는 볼에 낙서하듯 그림을 그려 넣어보자.
너무 멋진 그림을 그리려고 애쓰기보다, 단순한 열매, 나뭇잎, 새의 발자국, 간단한 글씨를
넣는 것이 만들기 쉬우면서 스타일도 산다. 포슬린 펜으로 그리다 맘에 안 들면 뜨거운 물로
바로 닦아 지운다. 마르기 전까지는 이렇게 수정하는 것이 가능하다.

접시에 그림 그려 굽기

준비물 | 포슬린 펜, 다양한 모양의 무지 접시, 스케치한 밑그림, 오븐 또는 오븐 토스터기

1. 접시는 뜨거운 물로 깨끗이 닦아 자연 건조시키거나 마른 행주로 불순물을 제거한다.

2. 포슬린 펜을 흔들어 뚜껑을 열고 종이에 몇 번 꾹꾹 눌러 펜에 물감이 흘러나오도록 만든다.

3. 간단하게 스케치한 밑그림을 보며 하나씩 그려 나간다.

4. 구석에 포인트로 그려 넣어도 좋고, 전체를 채워 나가도 좋다.

5. 그림이 완성되면 30분~1시간 정도 자연 건조시킨다.

6. 160도로 예열한 오븐 또는 오븐 토스터기에 30분 정도 굽는다.

TIP : 오븐에 구운 접시를 꺼낼 때 뜨거우니 꼭 조심하세요! 포슬린 펜은 얇은 것과 두꺼운 것 두 종류가 있어요. 사진에 사용한 펜은 모두 두꺼운 펜이에요. 접시에 불순물이 묻어 있으면 굽고 나서 때처럼 보일 우려가 있으니, 꼭 깨끗하게 세척한 후 만드세요.
포슬린 펜은 뻬베오(pebeo)제품을 사용했어요. 인터넷 쇼핑몰 뻬베오(www.pebeo.co.kr)에서 구입할 수 있어요.

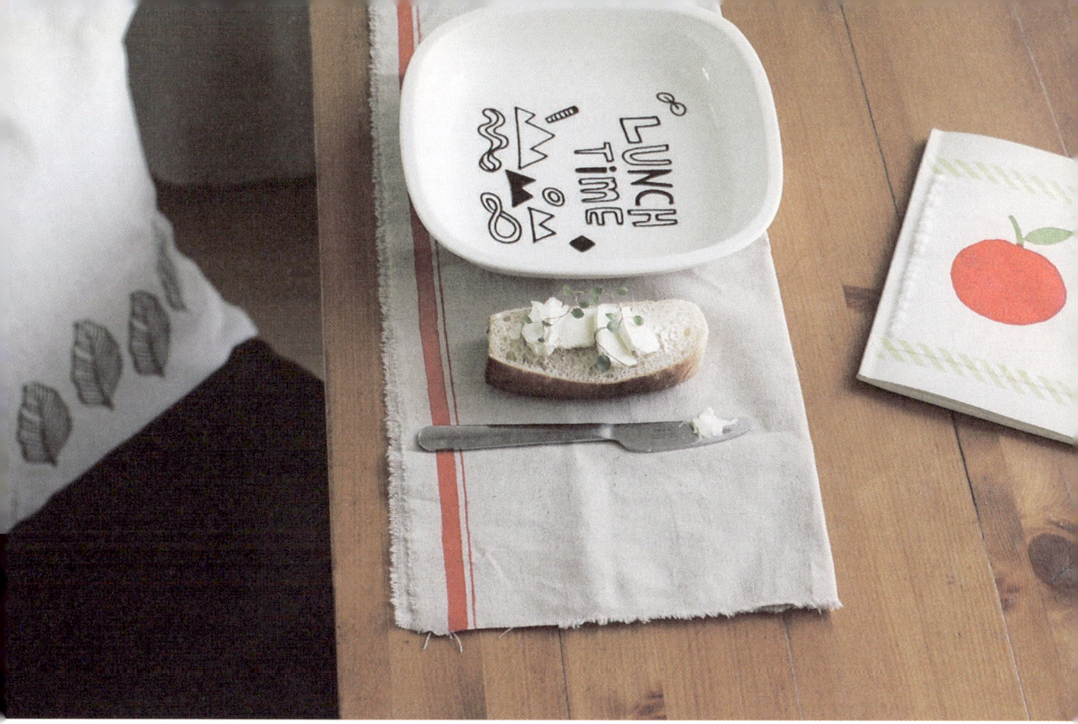

간단하게 만들 수 있으니 다양한 그림을 그려서
밋밋한 그릇들을 장식해보세요.
음식의 색감과 어울리는 그릇을 고르는 재미를 느낄 수 있을 거예요.
다양한 크기와 모양의 그릇에 같은 모양으로
장식하면 세트 같은 효과를 볼 수 있어요.
손님 상차림에 정갈하게 같은 무늬 그릇으로 차려내면
음식의 정성이 더 느껴지지 않을까요?

집에 굴러다니는 실증난 컵에 장난을 쳐보면 어떨까? 두 개의 컵에 같은 패턴으로
다른 색을 그려 넣으면 은근한 매력이 있는 컵 세트를 만들 수 있다. 통통 튀는 물방울이든
반짝반짝한 불빛이든 원하는 모양으로 자유롭게 그려보자.

컵에 무늬 넣어 굽기

준비물 | 포슬린 펜, 무지 도자기 컵(2개), 오븐 또는 오븐 토스터기

1. 컵은 뜨거운 물로 깨끗이 닦아 자연 건조시키거나, 마른 행주로 불순물을 제거한다.

2. 포슬린 펜을 흔들어 뚜껑을 열고 종이에 몇 번 꾹꾹 눌러 물감이 펜에 흘러 나오도록 만든다.

3. 콕콕 찍듯이 작은 동그라미를 그린다.

4. 전체를 채우는 느낌으로 꼼꼼하게 그려 완성한다.

5. 무늬가 완성되면 30분~1시간 정도 자연 건조시킨다.

6. 160도로 예열한 오븐 또는 오븐 토스터기에 30분 정도 굽는다.

상큼한
체리 머그컵 세트

영화나 잡지에서 체리 모양이 들어간 상품들이 내 눈을 사로잡았다. 체리가 들어간 에이프런, 체리가 들어간 냄비, 체리가 들어간 손수건……. 그러나 생각보다 이런 상품을 구하기가 쉽지 않았다. 그래서 직접 만들어보기로 했다. 상큼한 봄 느낌 가득한 커플 머그컵으로!

TIP : 초록색, 빨간색, 파란색 등 원색 포슬린 펜을 준비해 두면 알록달록한 식기들을 만들 수 있어요. 조금 더 여유가 된다면 갈색, 노란색, 연두색, 주황색 등 다양한 색을 구비해도 좋아요.

◇◇◇◇◇◇◇◇◇◇◇◇◇◇◇◇◇◇◇◇◇◇◇◇

상큼한 체리 머그컵 만들기

◇◇◇◇◇◇◇◇◇◇◇◇◇◇◇◇◇◇◇◇◇◇◇◇

준비물 | 포슬린 펜(빨간색, 초록색), 무지 머그 컵(2개), 오븐 또는 오븐 토스터기

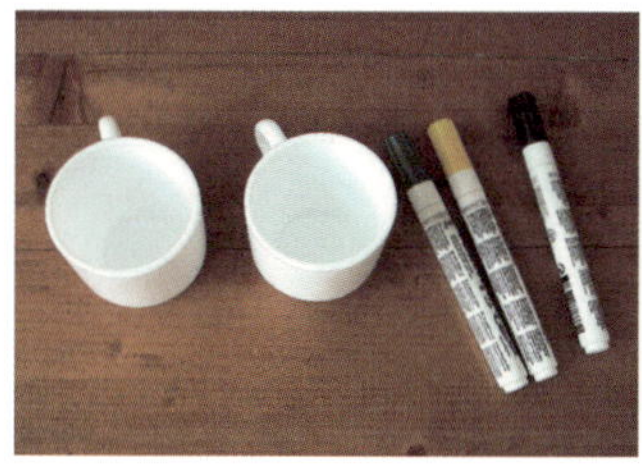  

1. 컵은 뜨거운 물로 깨끗이 닦아 자연 건조시키거나 마른 행주로 불순물을 제거한다.

2. 포슬린 펜을 흔들어 뚜껑을 열고 종이에 몇 번 꾹꾹 눌러 물감이 펜에 흘러나오도록
   만든다.

3. 체리 모양이 들어갈 위치를 정하고 빨간색으로 열매를 컵의 앞·옆·뒤 세 면에
   두 개씩 그린다.

4. 초록색으로 잎과 줄기를 열매 위에 그려준다.

5. 30분~1시간 정도 자연 건조시키고, 160도로 예열한 오븐 또는 오븐 토스터기에
   30분 정도 굽는다.

◇◇◇◇◇◇◇◇◇◇◇◇◇◇◇◇◇◇◇◇◇◇◇◇

고양이가 그려진 밥그릇 국그릇

◇◇◇◇◇◇◇◇◇◇◇◇◇◇◇◇◇◇◇◇◇◇◇◇

T I P : 밥그릇 안쪽에 고양이나 귀여운 동물을 그려주세요. 아이들이 밥을 다 먹었을 때 자기가
좋아하는 동물이 나오니 매우 좋아해요.

part4.
소소한 감성이
쌓여가는 기쁨

매일매일 사용하는

귀여운 소품 만들기

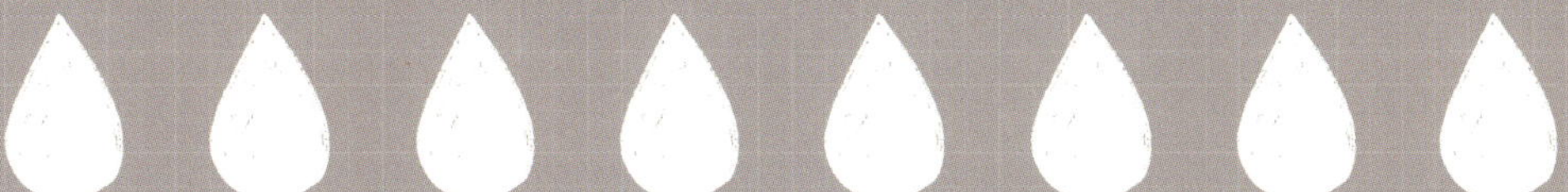

어쩌면 나는 별것 아닌 소소한 것에 유난히 감동받고 행복해하는지도 모른다. 내 입맛에 맞는 직접 만든 케이크를 선물받았을 때도, 좋아하는 그림 가득한 책을 받았을 때도, 내 몸에 딱 맞는 옷을 선물받았을 때도 기분 좋고 따스했다. 내 취향에 맞는 선물을 받으면 정말 기분이 좋아진다. 그만큼 상대가 나를 잘 알고 있고, 배려하고 있다는 뜻이니까.

누군가를 위해 선물을 한다는 것은, 그 사람의 취향에 대해 더 세심하게 알 수 있는 기회가 되기도 한다. 어떤 색을 좋아하는지, 어떤 소품을 좋아하는지, 어떤 모양이나 무늬를 좋아하는지 관찰해보게 된다.

상대방이 좋아할 선물을 고르러 다니는 것도 즐거운 일이지만, 가끔은 다분히 그 사람의 취향에 맞는 소소한 소품을 만들어 선물하는 것도 꽤나 즐겁다. 결혼하는 친구에게 직접 그린 그림이 가득한 접시 세트를 선물하기로 했다. 단순한 무늬와 꽃무늬를 좋아하는 그녀를 위해 그림을 가득가득 넣을 생각이다. 내 계획을 들은 그녀는 "언니, 평생 잘 사용하고, 대대손손 물려 줄게요"라며 깜찍한 소리를 한다. 그녀는 진심으로 그럴지도 모른다. 나만큼이나 오래된 물건을 좋아하니까. 그 말을 들으니 더 세심하게 잘 만들어야겠다는 생각이 든다. 순진한 생각일지 모르나 정말 오래도록 사랑받을지 모르니까.

시간이 흘러 사람이 자리를 떠나도 다른 사람의 손을 거쳐 계속 사용된다면 그것만으로도 왠지 멋지다는 생각이 든다. 내가 없더라도 내가 만든 무언가가 계속해서 사랑받고, 물려지고 있다고 생각하면 긴장되고 흥분될 수밖에. 뭐 이렇게 거창한 일이 아니라도, 단 한순간이라도 자신이 누군가에게 배려받고 있구나 하고 생각하게끔 하는 선물을 주고받는다면 그것 자체로 성공이 아닐까.

손에 들어갈 만큼 작지만 따듯한 기운이 풍성하게 들어 있는 그런 소품을 만들어보자. 당신의 시간을 기꺼이 내어줄 이유가 있는 그 사람을 위해.

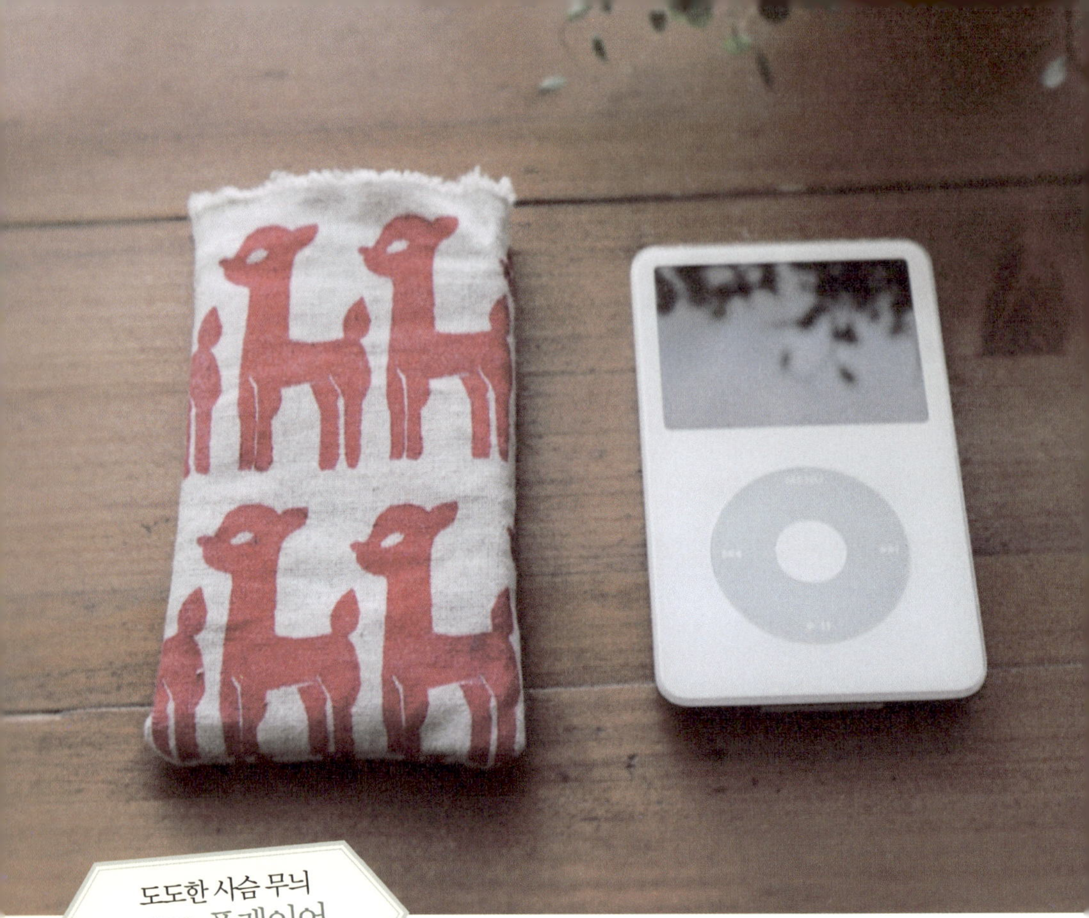

때가 잘 타는 흰색의 MP3 플레이어에 어울리는 파우치를 만들어주자.

마치 맞춤 정장을 입듯 딱 맞게! 굉장히 단순하고 쉬우니까 MP3 플레이어뿐만 아니라

스마트폰이나 노트북에 맞는 파우치를 만들 때도 응용할 수 있다.

T I P :　접착심을 넣으면 각도 잘 잡히고, 안에 넣는 MP3 플레이어를 보호할 수 있어서 좋아요.
접착심은 원단 쇼핑몰에서 쉽게 구입할 수 있어요.

파우치 만들기

준비물 | 스탬프 찍은 리넨(150×130mm), 접착심(144×107mm), 다리미, 실, 바늘, 가위

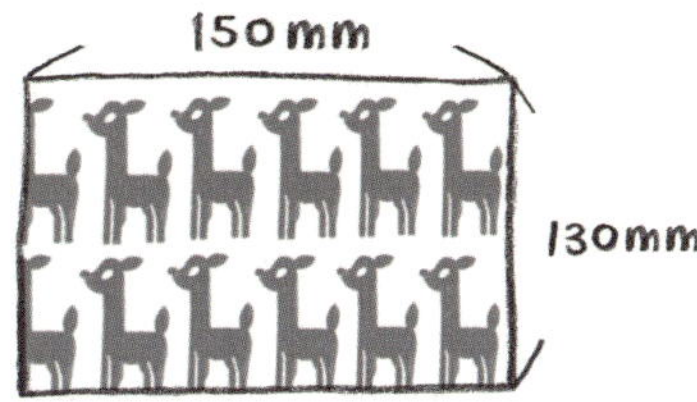

1. 스탬프를 찍어 30분 자연 건조
   시킨 후 다림질한 사슴 무늬
   패브릭을 준비한다.

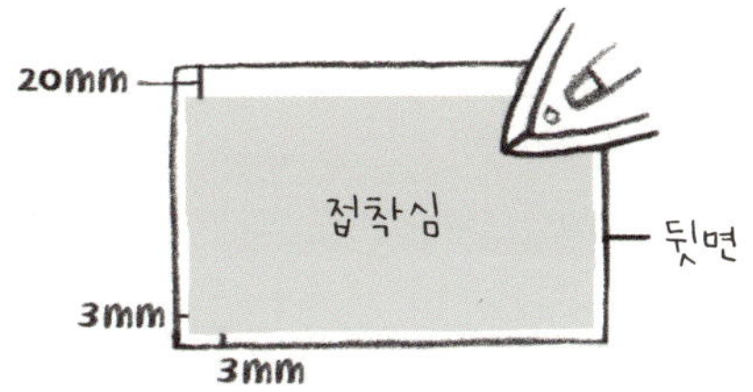

2. 패브릭을 뒤집어 접착심을 올려
   다림질한다. (접착심의 오돌토돌한
   부분이 리넨과 맞붙는다.)

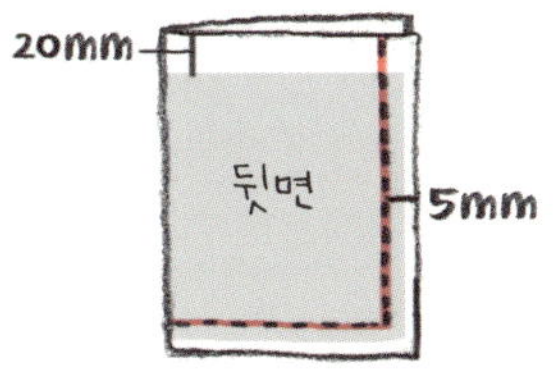

3. 반을 접어 시접 5mm를
   남기고 홈질한다.

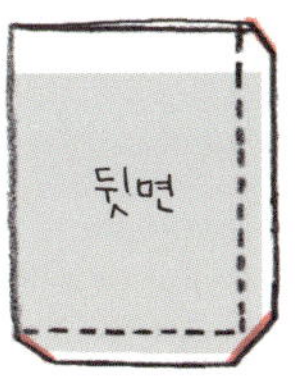

4. 각을 잘라 뒤집고, 모서리를
   잘 정리해주면 완성이다.

토끼들이 경주하는 에코백

가벼운 가방이 좋다. 자신의 존재가 드러나지 않을 정도로 가벼운 가방이 참 좋다.
자기 자신은 가볍지만 무거운 다른 물품을 품을 수 있는 여유롭고 부드러운 가방 말이다. 그것이
바로 에코백이다. 휴대폰과 지갑만 넣어도 어깨가 빠질 것 같은 가죽 가방과는 다르게 책 한두
권과, 사과 한 개, 음악이 잔뜩 들어간 MP3 플레이어, 작은 노트와 연필, 하늘하늘한 스카프쯤은
거뜬히 들어가는, 그런 에코백을 만들어보자.

토끼 모양 에코백 만들기

준비물 | 스탬프 찍은 패브릭(600×350mm), 가방끈이 될 패브릭(590×110mm 2장), 다리미, 실, 바늘, 가위

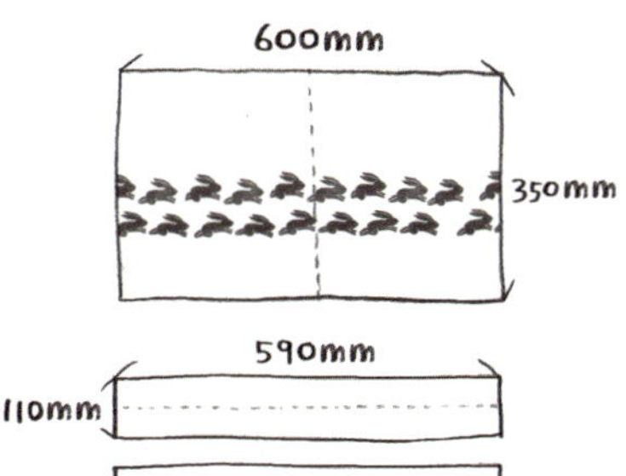

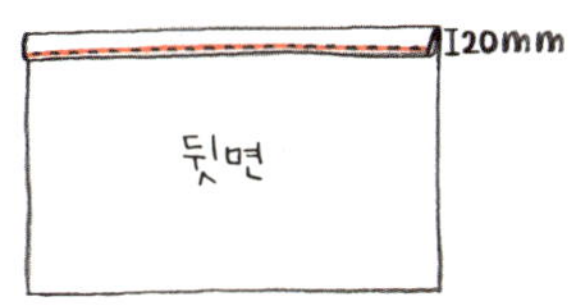

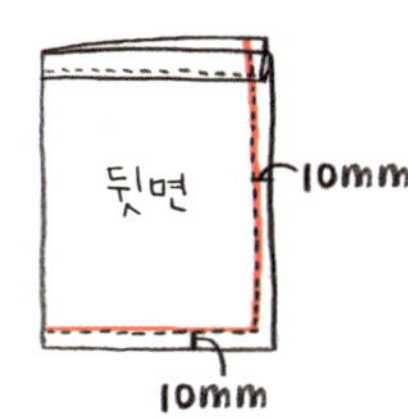

1. 패브릭을 뒤집어 위쪽을 20mm로 두 번 접어 다림질한 후 홈질한다.

2. 반을 접어 시접 10mm를 남기고 꼼꼼히 홈질한다.

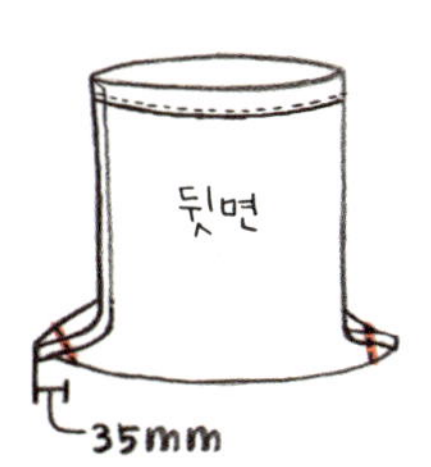

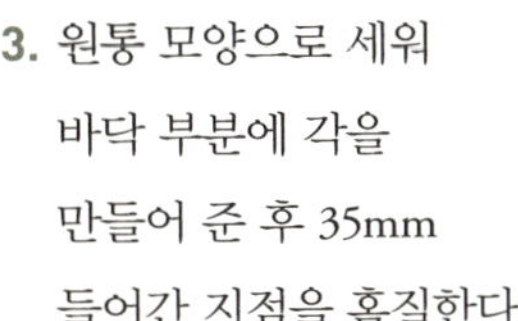

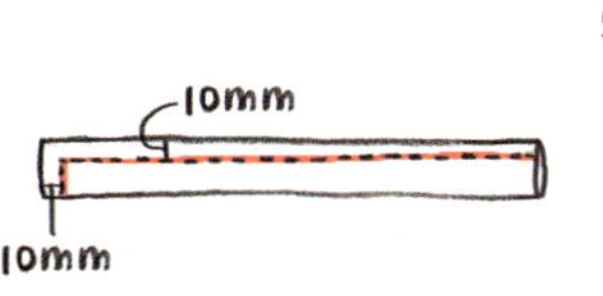

3. 원통 모양으로 세워 바닥 부분에 각을 만들어 준 후 35mm 들어간 지점을 홈질한다.

4. 가방끈이 될 패브릭은 반을 접어 시접 10mm를 남기고 홈질한다.

5. 가방끈을 뒤집어 한쪽을 막아준 후, 가방 안쪽 50mm 지점에 꼼꼼하게 홈질한다.

TIP: 가방 끈을 뒤집을 때는 붓이나 연필처럼 길고 얇은 물건으로 밀어서 뒤집어요.

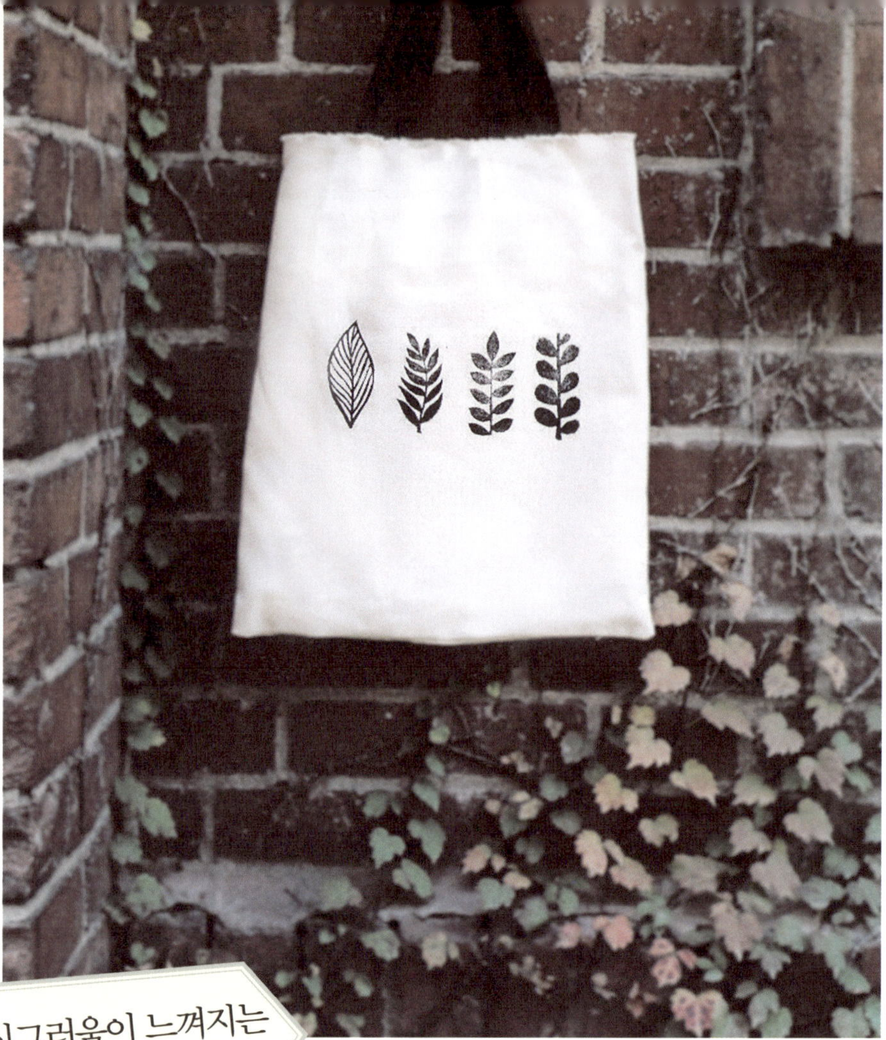

싱그러움이 느껴지는 나뭇잎 에코백

이번에는 자연을 닮은 에코백을 만들어보자. 만드는 법은 앞에서 본 토끼들이 경주하는 에코백과 비슷하지만 그보다 훨씬 간단하다. 가방끈을 바느질하는 과정이나 바닥에 모양을 내는 것이 어렵게 느껴지는 초보자가 도전해볼 만한 가방이다. 자르고, 바느질하고, 가방끈만 붙여주면 끝!

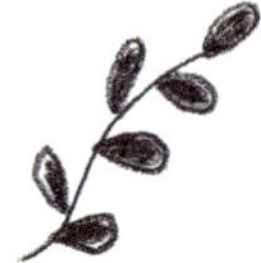

나뭇잎 모양 사각 에코백 만들기

준비물 | 스탬프 찍은 패브릭(800×350mm), 시중에 판매하는 가방끈(300×50mm), 실, 바늘, 가위

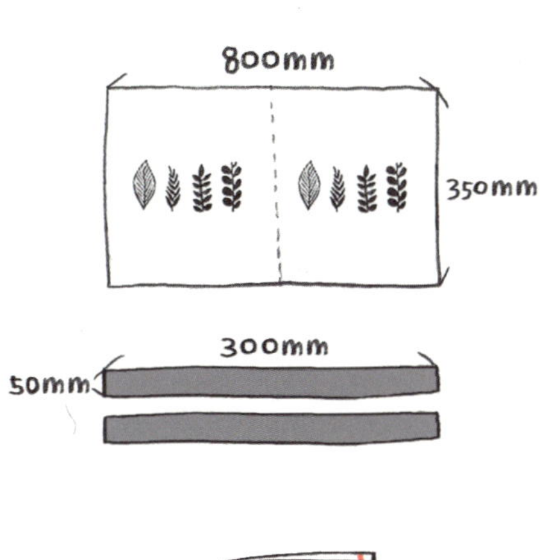

1. 패브릭을 뒤집어 위쪽을
   20mm로 두 번 접어 홈질한다.

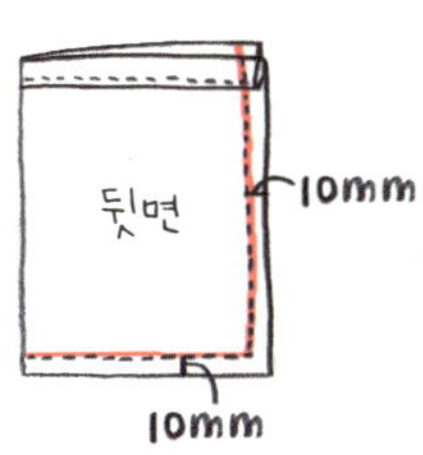

2. 반을 접어 시접 10mm를
   남기고 꼼꼼히 홈질한다.

3. 가방끈을 가방 안쪽 50mm
   지점에 꼼꼼하게 홈질한다.

TIP : 가방끈을 다양한 색상으로 만들어도 예뻐요.
계절에 맞게 색상을 선택해 보세요

숲에서 떨어진 나뭇잎 쿠션

등산을 자주해서 그런지 언젠가부터 스탬프의 모티프로 꽃과 나뭇잎, 열매 등이 자주 등장하기 시작했다. 산을 오를 때는 숨이 헐떡거려 주위를 돌아볼 여유가 없지만, 내려올 때는 조금 천천히 내려오기 때문에 자연이 준 여러 가지 형태들에 눈을 돌릴 수 있다.

어느 날 바닥에 떨어진 나뭇잎을 손으로 조심스럽게 털고, 작업실로 가져왔다. 색도 모양도 다 다른 것이 어쩌면 당연한 일이겠지만, 왠지 신기하고 재미있다. 산이 내게 준 소박한 선물이다. 그 선물을 많은 사람과 공유해보면 어떨까, 하는 생각에 나뭇잎 쿠션을 만들게 되었다.

나뭇잎 쿠션 만들기

준비물 | 스탬프 찍은 패브릭(1140×490mm), 실, 바늘, 가위, 쿠션 솜(450×450mm)

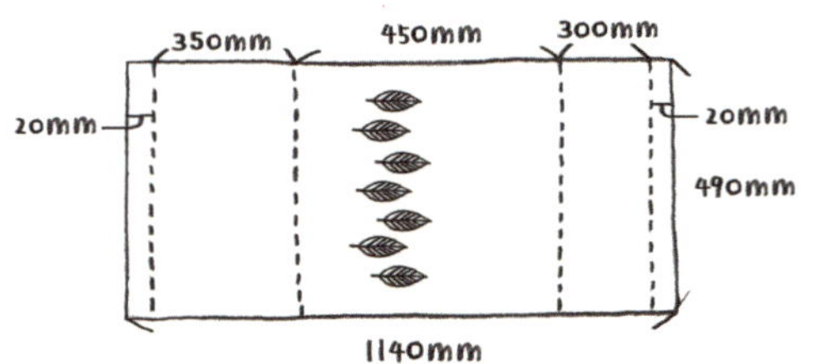

1. 나뭇잎 스탬프를 찍은
   패브릭을 준비한다.

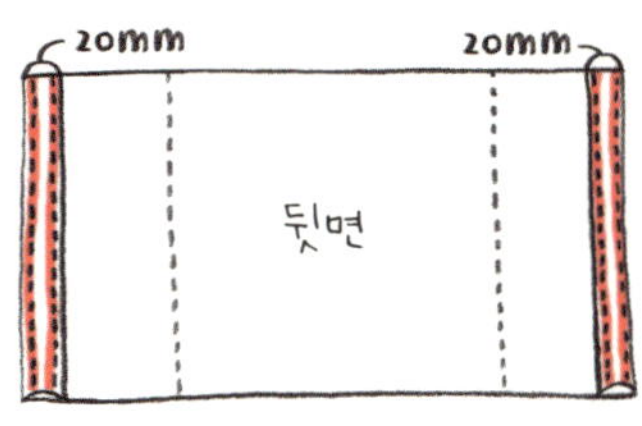

2. 양 끝의 20mm를
   안으로 접어 홈질한다.

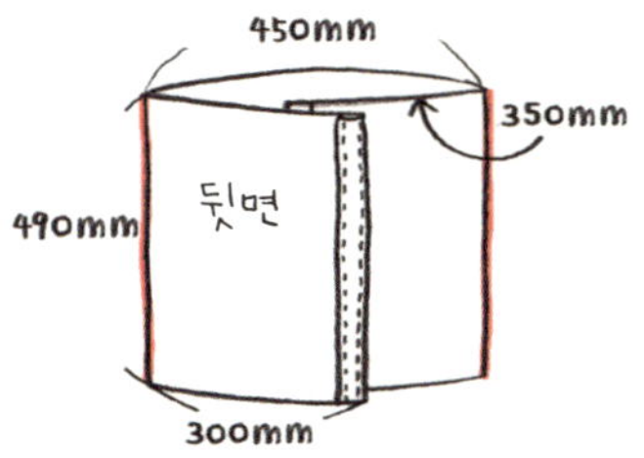

3. 세 면이 겹치게 접는다.

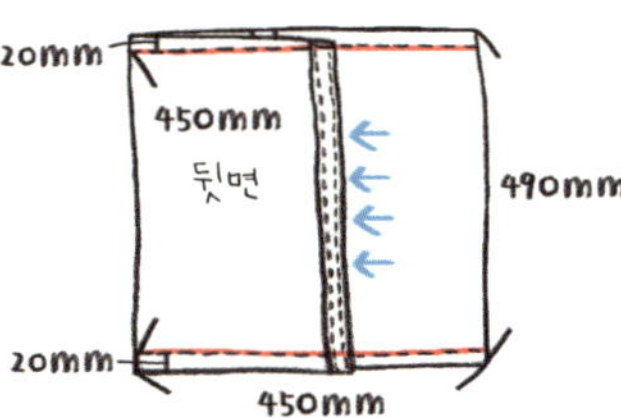

4. 위아래 20mm시접 부분을 남기고
   꼼꼼하게 홈질한 후 화살표 공간에
   손을 넣어 뒤집어 쿠션 솜을 넣는다.

자연을 닮은 쿠션을 하나 더 만들어보자. 만드는 방법은 나뭇잎 쿠션과 동일하지만
그 느낌은 무척 다르다. 리넨으로 만들어서 거칠지만 좀 더 자연스러움이 살아 있는 것 같다.
곡선의 나뭇잎과는 정반대로 곡선을 전혀 쓰지 않은 단순화된 꽃 모양으로 조각된 스탬프를
양쪽으로 두 줄씩 찍어주었다. 새것 같지 않은 자연스러움 때문일까? 마치 집에 오랫동안 있었던
것처럼 어느새 자리를 차지한 모습이 기특한 녀석이다.

파란 꽃 쿠션 만들기

준비물 | 스탬프 찍은 리넨(1140×490mm), 실, 바늘, 가위, 쿠션 솜(450×450mm)

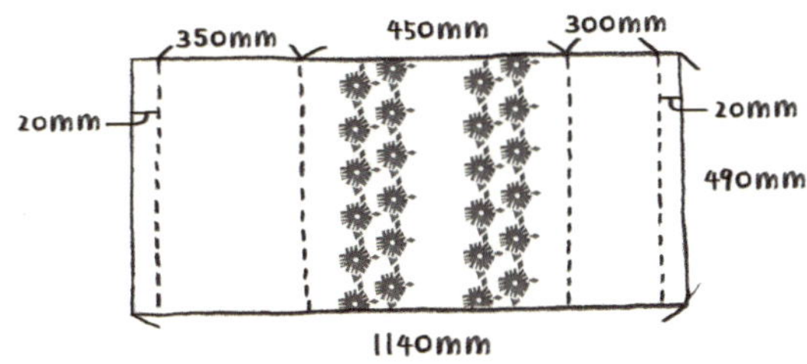

1. 파란 꽃을 찍은 패브릭을 준비한다.

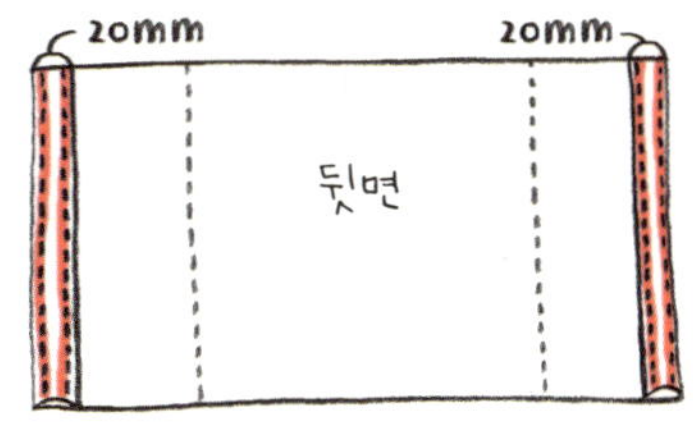

2. 양 끝의 20mm를 안으로
접어 홈질한다.

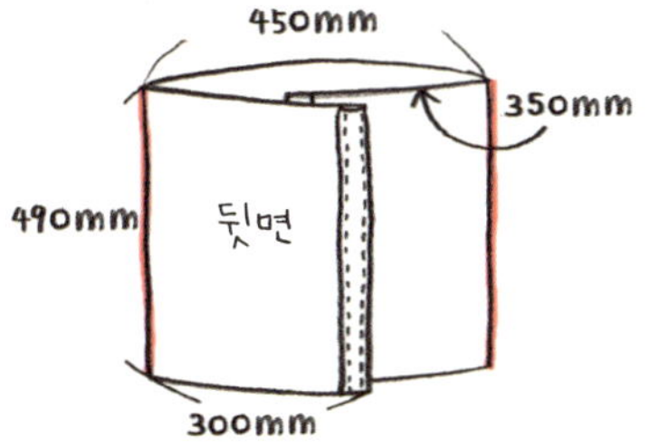

3. 세 면이 겹치게 접는다.

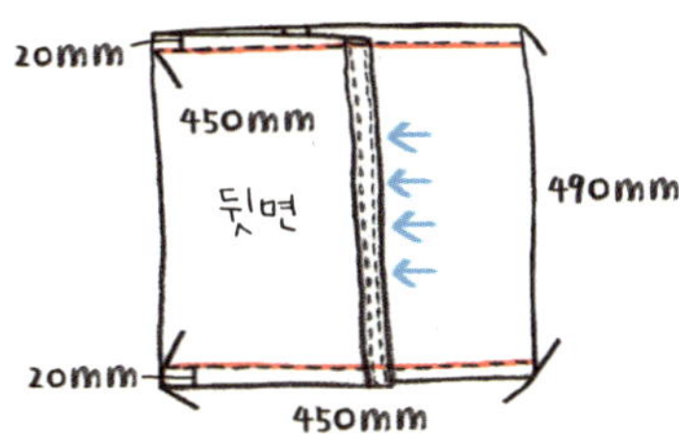

4. 위아래 20mm 시접 부분을
남기고 꼼꼼하게 홈질한 후
화살표 공간에 손을 넣어 뒤집어
쿠션 솜을 넣는다.

TIP : 꼭 단색으로 찍을 필요는 없어요. 두 가지 색으로 한 줄 한 줄 다르게 찍어도 예뻐요.

어디에나 어울리지만 어디에서도 판매하지 않는 특별한 브로치를 만들어보자. 나뭇잎 모양 브로치는
언뜻 보기엔 모양새가 특이하게 느껴지지만 생각보다 여기저기 잘 어울리는 아이템이다. 깔끔한 흰색
티셔츠에 달아도 좋고, 보송보송하고 포근한 카디건에 달아도 잘 어울린다. 크기가 좀 부담스럽다면
에코백에 달아보는 건 어떨까? 한 개만 달아도 포인트가 되지만 같은 모양으로, 혹은 다른 모양으로 여러
개 달아도 독특하면서 자연스러운 멋을 낼 수 있다.

브로치 만들기

준비물 | 스탬프 찍은 패브릭, 초크나 퀼트용 수성펜, 접착심(없어도 상관 없다), 브로치 핀(150~300mm),
실, 바늘, 가위, 글루건, 글루건 심

 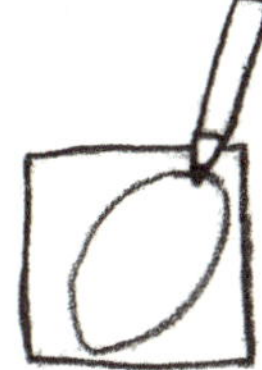   

1. 스탬프를 찍은 패브릭을 준비한다.

2. 패브릭을 뒤집어 수성펜이나 초크로 모양을 그린다.

3. 아래에 접착심을 놓고 20mm 정도 창구멍을 남겨 홈질한다.

4. 시접 5mm를 남기고 가위로 자른다.

5. 뒤집어서 창구멍을 막아주고 글루건을 이용해 브로치 핀을 중앙에서 조금 윗부분에
   달아준다.

다른 모양의 패브릭들도 같은 방법으로 만들어 가방이나 카디건, 재킷에 달아보자.

TIP : 접착심이 없을 경우 조금 두꺼운
패브릭으로 만드세요. 천이 얇으면 힘이 없어
서 앞으로 쏠리는 현상이 발생해요.

DIY라면 생각만으로도 한숨이 나고, 시작도 하기 전에 지칠 것 같다면 무리하게 처음부터 끝까지
만들기보다는, 이미 만들어진 제품에 자신의 색을 살짝 더해보는 정도로 시작하는 것이 좋다.
이때 시중에 판매하고 있는 무지 제품들을 잘 활용하면 좋다. 그런 제품들을 구입해서 자신이
만들어 놓은 지우개 스탬프로 찍기만 하면 나만의 소품으로 재탄생한다. 그렇게 내 물건을 만들어
쓰는 즐거움을 알고 난 다음에는, 보다 어려운 DIY에도 기꺼이 도전할 만한 용기가 생길 것이다.

손수건에 스탬프 찍기

준비물 | 시중에 판매하는 거즈 손수건, 스탬프, 패브릭 물감, 스펀지, 팔레트, 초크, 다리미, 종이

1. 원하는 모양의 스탬프를 다양하게 준비한다.

2. 거즈 손수건에 스탬프를 찍을 방향이나 배열을 정하고 초크로 위치를 그려준다.

3. 손수건 아래에 종이를 깔아준다.

4. 패브릭 물감을 팔레트에 덜어 스펀지에 흡수시킨다.

5. 스탬프에 스펀지로 물감을 톡톡 바르고, 원하는 배열대로 손수건에 찍는다.

6. 30분 정도 자연 건조시킨 후 다림질하면 완성.

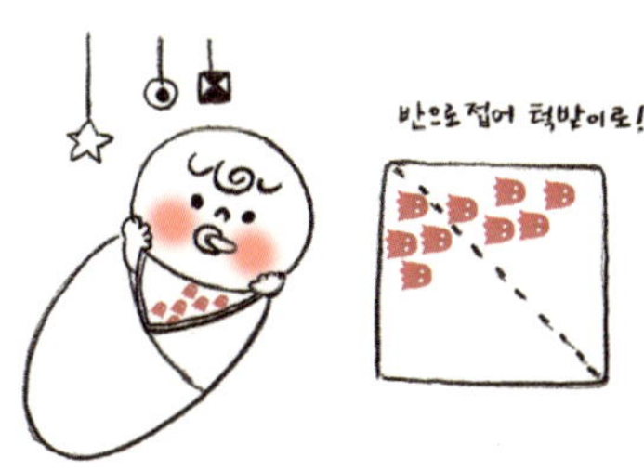

TIP : 동대문 종합시장 1층에 거즈 손수건을 판매하는 곳이 많아요. 가격은 한 장에 800~1000원 사이로 부담 없이 구입할 수 있어요. 아기 용품을 판매하는 쇼핑몰에서도 구입할 수 있어요.

part5.

공간 다시 태어나다

나를 꼭 닮은

나만의 공간 꾸미기

프리랜서를 시작하면서부터 나는 나만의 작업 공간을 가지게 되었다. 처음 가진 작업실은 좁고 각진데다가 여름에는 더위와 습기를, 겨울에는 추위를 마음껏 흡수하는 월세 30만 원짜리 옥탑방이었다. 그에 비하면 지금은 형편이 참 많이 나아졌구나 싶다.

그때나 지금이나 달라진 게 없는 건 공간의 3분의 1을 차지하는 커다란 테이블과 그 앞을 차지하고 있는 흰색 벽이다. 주로 테이블에서 일하는 시간이 많다 보니, 그 공간을 제일 크게 만들게 되는 것 같다. 그리고 또 하나 책상을 마주하고 있는 벽, 이 공간은 어쩌면 스크랩북을 확대한 공간과도 같다. 자료들을 붙이고, 사진을 찍고, 그림을 그려 배치하고…… 정말 훌륭한 대형 스크랩북이다.

그러나 나는 임차인이니 벽에 덕지덕지 무엇을 붙이거나 바르거나 하는 건 참 미운 짓이 아닐까 싶어 가벽을 만들게 되었다. 벽은 더러워지지 않고, 나는 마음대로 테이프를 붙이고 못질을 할 수 있으니 더 없이 좋다.

동화책 작업을 할 때는 원화 스케치를 주르르 붙여 스토리의 흐름을 보고, 바느질을 할 때는 패브릭의 색상 배치를 해본다. 그리고 무엇보다 지금 운영 중인 쇼핑몰 마이스터프(www.mystuff.co.kr) 사진 작업의 반 이상이 이곳에서 이루어지니 신통하고 요긴한 벽이 아닐 수 없다. 게다가 이 가벽은 본드도 칠하지 않아 어딘가로 옮겨갈 때 분리할 수도 있다.

내가 가진 공간이 비록 몇 평 안 되는 곳이거나, 빌린 곳이라도 좋다. 그리고 그곳에서 꼭 뚜렷한 일을 하지 않아도 된다. 싸구려 봉지 커피를 예쁘지 않은 밥공기에 타 마시더라도 온전한 내가 될 수 있는 나를 닮은 공간, 빡빡한 일과 중 편안히 숨 쉴 수 있는 그런 공간을 만들어보자.

나무 패널로
가벽 만들기

가벽을 만들 때 제일 먼저 해야 할 일은 가벽을 세울 공간을 정하고, 크기를 정하는 일이다.
자신이 제일 많이 이용하는 공간이나, 집 안의 자투리 공간을 살펴보고 포인트가 될 수 있는
크기를 정하도록 하자. 삼나무 루바 패널은 표면에 옹이 모양이 자연스럽고, 암수로 끼울 수
있게 제작되어 있어 쉽게 조립할 수 있다. 사이즈를 계산했다면, 재료를 판매하는 쇼핑몰이나
근처 목재 판매처에 들러 원하는 두께와 크기로 재단한다. 책 속의 패널과 합판은 주로
손잡이닷컴(www.sonjabee.com)이나 합정역의 목재소에서 구입했다.

 패널이 들어갈 위치와 크기를 정하는 것이 중요합니다. 벽지의 지저분한 곳이나, 액자나 그림 등의 소품으로 장식하고 싶은 곳이 좋겠지요? 자주 사용하는 테이블이나 책상 근처도 좋습니다. 저는 제 작업실의 작업 테이블 주위(A)와 심심해 보이는 벽면(B)에 가벽을 설치하기로 했습니다.

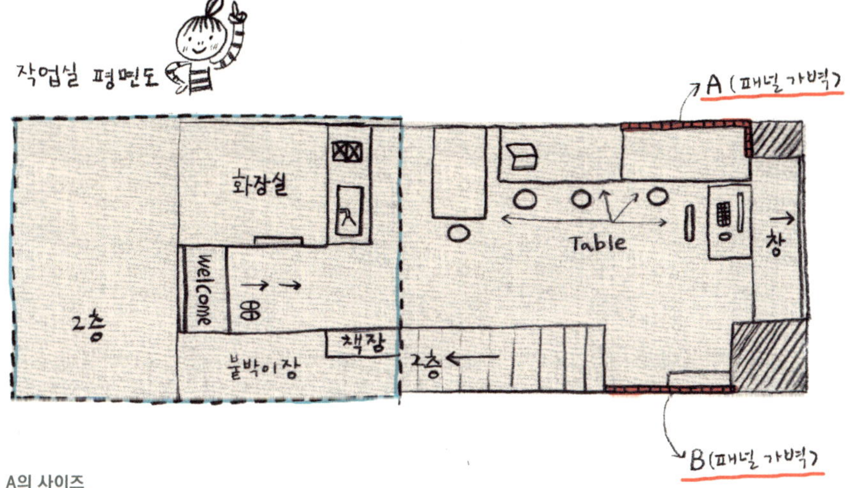

A의 사이즈

㉠ 115mm(가로), 1200mm(세로)로 재단된 삼나무 루바 패널(11T) 17개

㉡ 100mm(가로), 1500mm(세로)로 재단된 합판(4.8T) 2개

　100mm(가로), 400mm(세로)로 재단된 합판(4.8T) 2개

㉢ 1500mm 원목 각재(40mm 정사각) 1개

　360mm 원목 각재(40mm 정사각) 1개

B의 사이즈

115mm(가로), 1700mm(높이)로 재단된 삼나무 루바 패널(11T) 11개

*T는 두께를 말합니다.(1T=1mm)

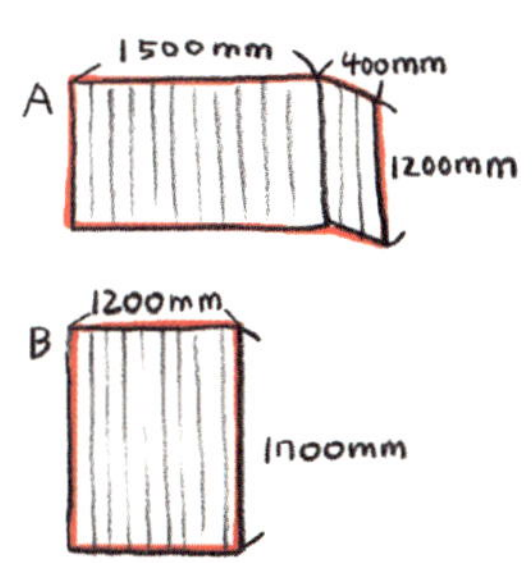

사이즈 계산하기

패널의 개수를 계산하는 방법: 가로 사이즈(mm)÷107mm=패널 개수

예를 들어 패널을 설치하고자 하는 벽의 가로 사이즈가 1900mm라면 1900mm÷107mm=17.7

(개수는 반올림하거나 빼버려도 상관없다. 아주 딱 맞게 들어가게 하려면 패널을 잘라야 하는 번거로움이 생기므로 공간을 유동적으로 설정한다.)

1

2

3

4

5

6

7

가벽(A) 만들어 세우기

준비물 | 삼나무 루바 패널, 합판, 원목 각재, 실리콘, 마스킹 테이프, 전동 드라이버(전동 드라이버가 없을 경우 망치와 못을 이용하여도 상관없다), 피스못(15mm와 25mm)

1. 삼나무 루바 패널(㉠)을 바닥에 놓고 암수를 연결한다. (만약 벽면에 부착할 수 있는 환경이 되면 패널 뒷면에 실리콘을 발라 하나씩 끼워 붙이면 아래 과정 없이 완성된다.)

2. 1500mm로 자른 합판(㉡)을 연결한 패널 뒷면 위아래에 올리고 패널이 고정되도록 전동 드라이버와 피스로 고정한다.

3. 연결된 패널을 뒤집어 원목 각재(40mm 정사각)(㉢)를 전동 드라이버와 피스로 고정한다.

4. 꺾인 부분(400~1200mm)도 1, 2, 3의 방법대로 만든다.

5. 만들어진 가벽을 벽면에 세우고 넘어오지 않도록 마스킹 테이프로 고정시킨다.

6. 실리콘을 패널 윗면에 서너 곳 바른다.

7. 실리콘이 잘 굳을 때까지 하루 정도 마스킹 테이프를 떼지 않는다.

＊가벽(B) 만들어 세우기 방법은 가벽(A)와 동일합니다.

TIP : 가벽을 세울 때 각재를 대는 이유는 패널들이 테이블 뒤로 빠지지 않게 안정적으로 올리기 위해서예요. 벽면과 테이블에 빠지는 공간 없이 딱 붙는 경우라면 3번 과정은 생략해도 상관없어요. 실리콘을 제거할 때는 실리콘 제거제를 사용하면 깨끗하게 없앨 수 있어요.

나무 패널 가벽에 새 옷 입히기

가벽을 성공리에 설치했다면, 밋밋한 패널에 단정한 새 옷을 입혀주는 것은 어떨까?
자연스러운 나무 고유의 색도 좋지만, 집 안 분위기와 잘 어울리는 화사한 옷을 입혀주는
것만으로도 느낌이 확 살아난다. 사실 많은 사람들이 인테리어를 새로 하면서 고려하는 것 중의
하나가 벽에 페인트를 칠하는 것인데, 시작도 하기 전에 포기하는 경우가 대부분이다. 그도 그럴
것이 집주인의 허락을 구해야 하니 내 집이 아닌 다음에야 마음 편히 할 수 없고, 벽면 전체를 다
칠하는 것이 육체적으로도 고되니 말이다. 하지만 가벽에 페인트칠하는 것은 이 두 가지 염려를
동시에 덜 수 있으니, 이보다 좋을 수 있을까?

가벽에 페인트 칠하기

준비물 | 페인트, 마스킹 테이프, 붓, 스펀지, 바니시

1. 페인트가 밖으로 삐져나오지 않도록 주변에 마스킹 테이프를 붙여준다.

2. 넓은 면적은 스펀지로, 스펀지가 들어가지 않는 구석은 붓으로 꼼꼼하게 칠한다.

3. 한 번 칠하고 잘 말린 후, 다시 한 번 칠한다. 나무 고유의 색을 좋아한다면, 원목
   상태에서 바니시나 오일스테인을 칠해도 좋다.

4. 그대로 두어도 상관없지만, 바니시로 마감을 해주면 닦거나 청소할 때 편리하다.

＊사용한 페인트—제냐 천연 미네랄 페인트(RK-202) ESTHER WHITE

TIP : 페인트는 랩을 씌워 뚜껑을 덮어 보관해요. 붓은 흐르는 물에 잘 씻어 미지근한 물에
30분 정도 담가주면 다시 사용할 때 편해요.

남은 목재로
작은 선반 만들기

설치한 패널 가벽에 좋아하는 그림이나 사진도 붙여보고, 액자도 걸어보자.

뭔가 좀 더 나를 닮은 방이 되어가는 듯한 설렘과 기쁨이 느껴지지 않는가?

그렇다면, 이번엔 한 단계 올려서 가벽에 선반을 만들어 다는 건 어떨까?

따로 목재를 구입하는 것이 번거롭다면 가벽 공사할 때 남은 나무 패널로 만들어도 상관없다.

한 가지 주의할 점이 있다면 앞에서 만든 가벽의 패널은 두께가 얇아 무거운 물건을 지탱할

만큼의 힘은 없다. 따라서 너무 무거워지지 않도록 물건의 무게에 주의해야 한다. 내가 만든

작업실 선반은 주로 작은 소품이나 가벼운 인형 들을 올려놓을 용도이기 때문에 얇은 나무판으로

만들었다. 두께가 5T 정도의, 가지고 있던 나무 조각을 재활용해 만든 것이다. 튼튼하게 만들기

위해서는 두께 5~10T 정도가 적당하니 참고하면 좋을 것 같다.

그럼 지금부터 시작해보자. 어떤 소품을 올릴지 곰곰이 궁리하면서 말이다.

 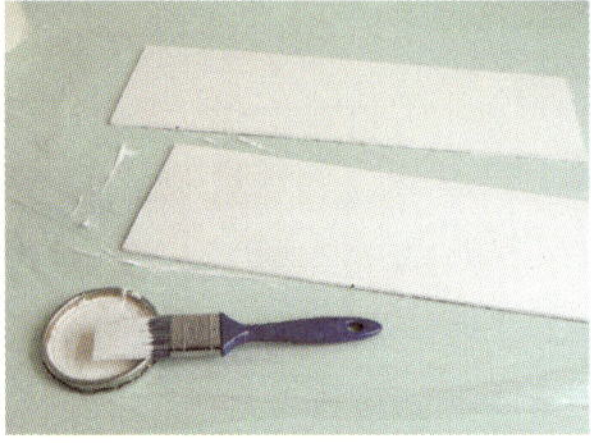 

 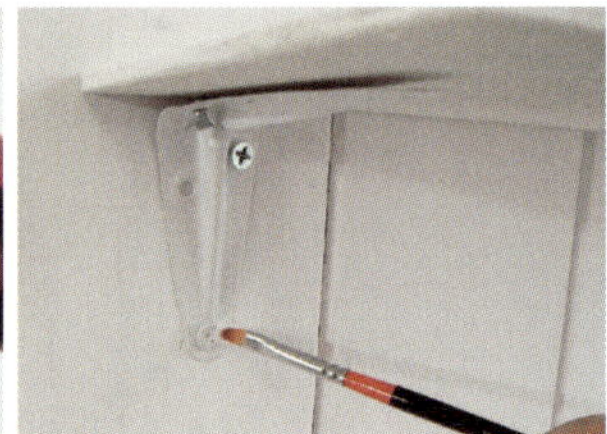 

가벽에 선반 달기

준비물 | 미송 합판(5T), ㄱ자 선반대, 사포, 전동 드라이버, 피스못(6mm), 페인트, 스펀지, 붓, 신문지나 비닐,

(전동 드라이버가 없을 경우 십자 드라이버를 사용해도 상관없다)

선반 사이즈 | 700×150mm 2개

1. 준비된 미송 합판의 표면을 사포로 잘 다듬는다.

2. 비닐을 깔고 가벽에 칠하고 남은 페인트를 붓을 이용해 앞뒤로 꼼꼼하게 칠한다.

3. 잘 말린 후 한 번 더 칠해준다.

4. 선반을 달 위치를 연필로 살짝 표시하고, ㄱ자 선반대를 벽면에 먼저 피스로 박아 고정한다.

5. 선반과 선반대가 닿는 부분은 피스를 아래에서 위 방향으로 박아 고정한다.

6. 피스 부분을 페인트로 깔끔하게 정리한다.

TIP : 공간이 작을수록 선반의 길이나 폭이 너무 길면 불편할 수 있으니 주의하세요.
선반은 같은 위치에 일렬로 배치해야 정리되어 보이고 예뻐요.
ㄱ자 선반대와 미송 합판은 목재 DIY 쇼핑몰에서 구입할 수 있어요.

선반 하나 달아서,
집에 있는 소품들을 옹기종기
올려놓았을 뿐인데
정말 분위기가 다르지 않나요?

두 가지 느낌의 액자 만들기

요즘은 인터넷에서 원하는 모양과 재질의 나무를 원하는 크기로 쉽게 재단하여 구입할 수 있으니
정말 DIY하기 편한 세상이다. 색상이나 재질이 독특한 액자들은 가격이 고가이고, 생각보다
마음에 드는 액자를 구하기가 쉽지 않다. 순간을 기록한 사진이나 멋진 그림을 넣을 만한 깔끔한
액자를 만들어보자. 액자 속에 넣을 그림은 직접 그리거나 만들지 않아도 상관없다. 잡지 속에서
오려낸 내 취향의 그림이나 사진, 전시회 포스터, 엽서, 패브릭 등 원하는 이미지를 넣으면 된다.
여러 개의 그림을 꺼내 프레임 아래에 넣어보며 이리저리 고민하는 것도 소소한 재미다.

A   B

여기서 만들어 볼 액자는 나무 패널을 이용한 액자A와
곤죽 띠 몰딩을 이용한 액자B예요.
액자를 만드는 방법은 A, B 둘 다 같아요.
순서는 뒤에 자세히 설명하겠지만, 패널이나 몰딩에
색을 먼저 칠한 후 프레임을 완성해도 되고,
프레임을 먼저 만들어 놓고 색을 칠해도 상관없어요.

프레임 만드는 방법

준비물 | ㄱ자 평철(액자 하나당 4개) 또는 건타카, 사포, 전동 드라이버, 피스못(6mm), 스펀지 또는 붓, 바니시
액자 A | 미송 합판 패널(15T) 250mm(가로) 300mm(세로) 각각 2개, 우드스테인(T515 코로넬메이플)
액자 B | 곤죽 띠 몰딩(20/꽈베기/대) 200mm(가로) 300mm(세로) 각각 2개, 아크릴릭 물감(JES 아크릴 14 HOLLY BUSH)

액자를 만드는 방법은 두 종류 모두 같다. 순서도 패널이나 몰딩에 색을 먼저 칠한 후
프레임을 완성해도 되고, 프레임을 먼저 만들어 놓고 색을 칠해도 상관없다.
아래는 A를 만드는 과정이다.

1. 준비된 미송 합판 패널을 액자처럼 배치하고 사면에 목공본드를 칠해
   5분 정도 고정시킨다.

2. 본드가 적당히 굳으면 ㄱ자 평철을 각각 사면에 피스와 전동 드라이버로 고정시킨다.

3. 사포질을 하고 잘 털어주거나 마른 행주로 닦는다.

4. 우드스테인을 붓이나 스펀지로 꼼꼼하게 칠해주고, 마르면 한 번 더 칠해준다.

5. 우드스테인을 잘 말린 후 바니시 등 기타 다른 마감재로 마감한다.

T I P : 건타카를 이용할 경우 조금 더 쉽게 만들 수 있어요. 평철 대신 사각이 연결되도록 박아
주면 됩니다. 좋은 건타카를 하나 준비해두면 여러모로 쓸모가 많아요. 오래된 의자 천갈이나 간단
한 액자나 작은 나무 소품을 만들 때도 두루두루 사용할 수 있어요.
미송 합판 패널은 목재 DIY 쇼핑몰에서 액자 모양으로 잘라 판매해요.

프레임 안에 그림 넣기

준비물 | 만들어놓은 액자 프레임, 액자 속에 넣을 그림 또는 패브릭, 액자고리,
건타카 또는 양면 테이프, 전동 드라이버, 피스 못(10mm)

1. 그림은 액자보다 5~10mm정도 작게 자른다.

2. 윗면부터 건타카를 이용해 그림과 액자를 고정시킨다.

3. 패브릭을 조금 팽팽하게 당기면서 나머지 세 면을 고정시킨다.

4. 액자 뒤 윗면의 정확한 중간 지점에 액자고리를 피스와 전동 드라이버로 박는다.

5. 가벽의 원하는 위치에 작은 못이나 피스를 박아 액자를 걸어준다.

TIP : 패브릭은 건타카로 프레임에 고정시키는
것이 좋고, 종이류는 양면 테이프로 붙여주는 것이
좋아요. 책의 부록으로 첨부한 스탬프 도안을 오려
액자에 넣는 것도 한 가지 방법!

작은 수납함 만들기

작업실에 가구는 생각보다 종류도 개수도 많지 않다. 테이블 4개와 앵글로 짠 책장, 그리고
의자와 장식장 하나가 전부다. 작업이 많아지면서 테이블 위는 점점 좁아져갔다. 풀, 가위, 각종
테이프, 종이, 기타 등등 자질구레한 것들이 책상을 차지해버렸다. 테이블을 넓게 쓰기 위해선
정리가 필요했다. 이런 자질구레한 용품들을 넣어둘 공간이 필요해진 것이다. 그래서 공간이
정리되고 편리한 작은 수납장을 만들기로 했다. 이때 유리 대신에 투명 아크릴을 사용하면 무게도
가볍고 만들기도 쉽다. 자잘한 작은 문구 등을 넣어둘 수도 있고, 직접 만든 패브릭과 스탬프를
넣어둘 수 있는 작지만 실속 있는 수납함을 만들어보자.

TIP : 수납함 만들기는 다른 것들보다 과정이 조금 복잡해요. 미리 절단된 합판의 사이즈와 부
위별 이름을 알아두어야 뒷장의 만들기 페이지에서 헤매지 않을 수 있어요. 어디가 Ⓐ이고, Ⓑ이고
Ⓒ 부분인지를 미리 파악하고 있어야 수월하게 만들 수 있으니 이 점 꼭 유의해주세요.

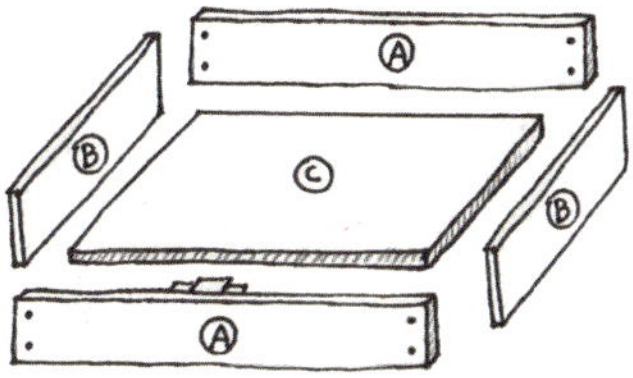

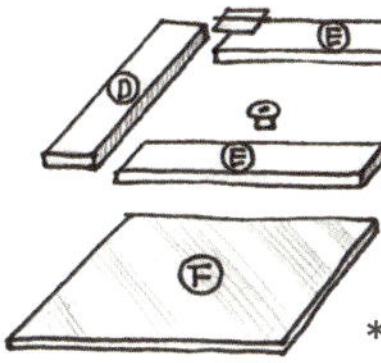

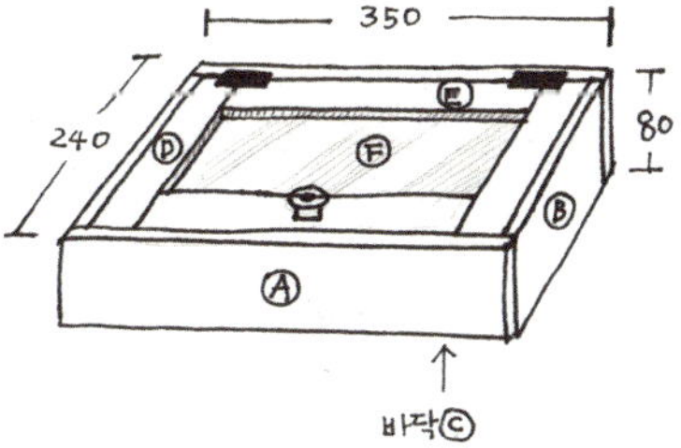

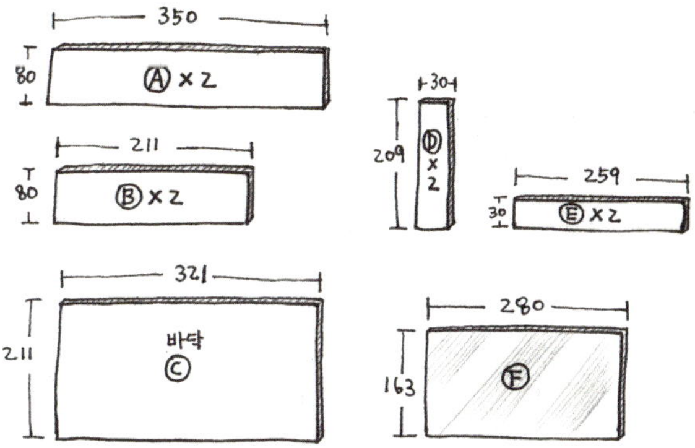

Ⓐ
Ⓑ
Ⓒ
Ⓑ
Ⓐ
Ⓔ
Ⓓ
Ⓓ
Ⓔ
Ⓕ
*F는 아크릴
350
240
80
Ⓓ
Ⓔ
Ⓕ
Ⓑ
Ⓐ
바짝ⓒ
350
80
Ⓐ × 2
211
80
Ⓑ × 2
321
211
바닥 Ⓒ
30
209
Ⓓ × 2
259
30
Ⓔ × 2
280
163
Ⓕ

안이 보이는 수납함 만드는 방법

준비물 | 합판(14.5T), 목공본드, 실리콘, ㄱ자 평철 또는 건타카, 전동 드라이버(전동 드라이버가 없을 경우 망치를 사용해도 상관없다), 못 또는 나사(20mm), 경첩(40×25mm), 사포, 손잡이, 자석 잠금 장치(일반적으로 빠찌링이라 칭함), 마스킹 테이프, 투명 아크릴판, 아크릴 칼, 우드스테인, 스펀지, 붓, 신문지나 비닐, 바니시

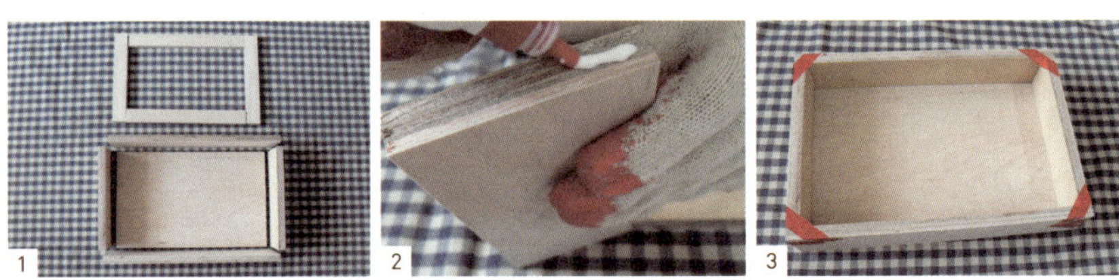

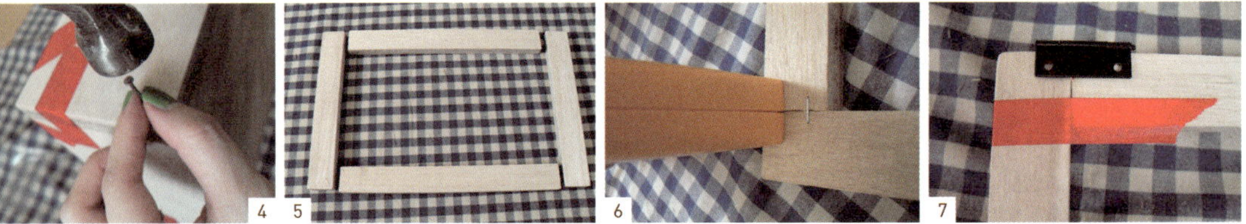

1. 준비된 합판을 앞페이지의 일러스트 모양대로 배치한다.

2. 배치한 Ⓐ, Ⓑ, Ⓒ 박스 모양의 서로 닿는 부분에 목공본드를 칠한다.

3. 각을 잘 맞추면서 마스킹 테이프를 붙여 고정시키고 10분 정도 본드가 흡수되기를 기다린다.

4. 못과 망치로 Ⓐ와 Ⓑ를 먼저 연결해주고, 바닥 면인 Ⓒ를 연결한다.
　　(나사, 또는 못을 이용해도 상관없다. 가지고 있거나 쓰기 편한 공구를 선택한다.)

5. 문이 될 Ⓓ와 Ⓔ도 닿는 부분에 목공본드를 붙이고 마스킹 테이프로 고정시킨다.

6. 적당히 본드가 흡수되면, ㄱ자 평철이나 건타카를 이용해 각을 연결해준다.

7. 35mm 안쪽으로 경첩이 달릴 부분을 표시하고, 박스와 문을 전동 드라이버와 나사로 연결한다.

사용한 우드스테인 : T515 코로넬메이플 50ml

  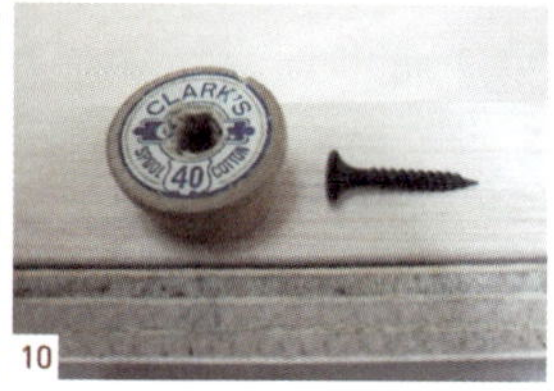

8. 박스 안쪽(Ⓐ)과 문이 될 부분의 가운데(Ⓑ) 자석 잠금 장치를 달아준다.
(이 과정은 깔끔하게 닫히게 하려는 과정이니 생략해도 문제는 없다.)

9. 사포로 꼼꼼하게 다듬고, 톱밥들을 깨끗하게 털어낸다.

10. 목공본드와 나사로 손잡이를 달아준다.

11. 원하는 색의 우드스테인을 스펀지에 묻혀 꼼꼼하게 칠해준 후, 잘 말려 바니시로
마감 처리한다.

12. 아크릴 칼로 Ⓕ 사이즈로 아크릴을 자른다. 아크릴 칼은 아크릴을 여러 번 긁은 후,
양손으로 힘 주어 구부리면 뚝 하고 부러진다.

13. 문이 될 나무 틀 안쪽 정 가운데에 아크릴을 배치하고 실리콘으로 사면을 마감한
후, 투명하게 마를 때까지 책 몇 권을 올려둔다.

건타카를 박을 부위가 아크릴과 겹치지 않도록
주의하세요. 자석 잠금 장치의 자성이 강해 문이
잘 열리지 않으면 자석에 테이프를 붙여 강도를
줄여요.

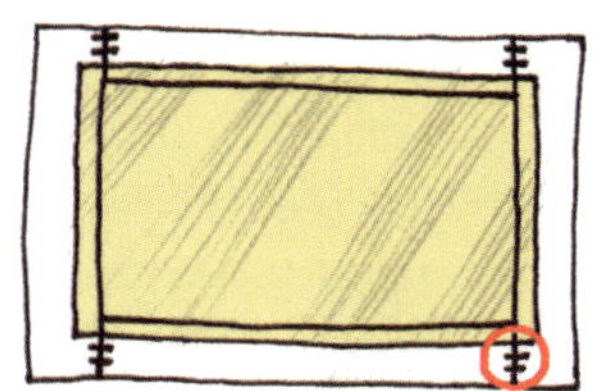

빛이 들어오는 창문 옆 공간에 두껍고 웅장한 철문이 참으로 밉게도 생겼다. 게다가 따듯한 가벽이
생기고 나니 더더욱 도드라져 보였다. 패브릭을 붙여 가려버릴까도 생각해 봤지만,
종종 열 일이 생길 때마다 떼었다 붙이는 것도 번거로와 나무 봉에 간단하게 끼워 달 수 있는
커튼을 만들기로 했다. 커튼은 만드는 방법이 간단하지만 그 효과는 기대 이상이다.
꼭 창문에만 커튼을 쳐야 한다는 고정관념을 버리고, 집 안 여기저기 보기 싫은 부분을 가려주는
용도로 사용하면 효과 만점이다. 칙칙하고 지저분한 공간에 화사한 커튼을 달아 분위기를 바꿔보자.

커튼 만드는 방법

준비물 | 워싱 광목, 커튼 봉, 면 끈 또는 커튼 링, 바늘, 실, 가위, 지우개 스탬프, 초크, 패브릭 물감, 스펀지, 팔레트, 테이프나 철사, 못, 망치

커튼 사이즈 | 900mm(가로), 1500mm(세로)

커튼 봉 사이즈 | 1000mm(길이), 15mm(지름)

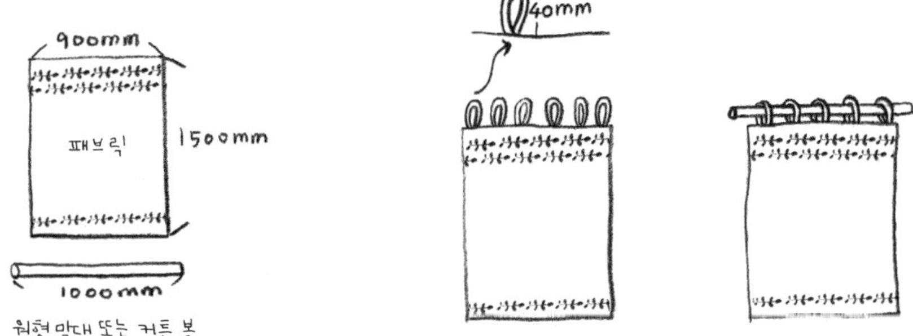

1. 커튼으로 가리고 싶은 공간의 가로와 세로 길이를 잰다.

2. 패브릭은 사방으로 1번의 크기보다 100mm 정도 여유 있게 준비한다.

3. 커튼 봉에 달릴 수 있는 고리를 면 끈으로 만든다.

   100mm 길이로 자른 끈을 반으로 접어 높이가 40mm가 되도록 바느질한다.

4. 약 100mm 간격으로 7~ 9개 정도 달아준다.

5. 커튼 봉에 패브릭을 넣어 위치를 잡고, 못을 박아 커튼 봉을 올린다.

6. 패브릭을 다시 빼고 원하는 위치에 지우개 스탬프를 찍는다.

   (일렬로 가지런히 찍기 위해서는 초크로 선을 표시하는 것이 좋다.)

7. 커튼 봉에 달기 전에 30분 정도 자연 건조시킨 후 다림질한다.

8. 봉에 커튼을 끼우고 못과 봉이 흔들리지 않도록 철사나 테이프로 고정한다.

TIP : 커튼을 자주 빨아야 하는 상황이라면 사방을 10mm 정도 말아서 홈질하는 것이 좋아요. 하지만 자주 만지지 않을 경우 패브릭 마감을 생략해도 괜찮아요. 또 하나! 자주 여닫는 곳이라면 면 끈보다는 시중에서 판매하는 커튼 링을 구입하는 편이 사르륵 더 잘 열려요.

드로잉 페이퍼로
재미있는 벽지를

햇살 가득한 작업실의 창가는 너무 깔끔한 나머지 차가워 보인다. 화분이 몇 개 올려져 있지만
조금 더 재미있는 공간으로 변화를 주면 좋겠다는 생각을 하던 차에 아이디어가 떠올랐다. 바로
벽지를 만들어 붙이면 좋겠다는 것이었다. 아이디어는 좋았지만, 막상 길고 얇은 종이를 구하고
자르려고 생각하니 귀찮았다. 그러다가 우연히 이케아 드로잉 페이퍼를 발견했다.
둘둘 말린 모습이 내 눈에는 마치 무지의 벽지처럼 보였다. '이거다! 여기에 스탬프를 콕콕 찍어
벽지를 만들면 되겠다' 하는 생각이 머릿속에 번뜩 스쳤다. 결과적으로 좋은 아이디어였다.
벽지를 붙이고 사진을 찍는 순간 만들기를 잘했다는 생각에 싱글벙글 미소를 짓고 있었다. 몇
년 후 만약 내 맘대로 꾸밀 수 있는 집이 생긴다면, 커다란 벽면을 모두 스탬프 벽지로 꾸밀
생각이다. 상상만으로도 뿌듯한 기분이 든다.

드로잉 페이퍼에 스탬프 찍기

준비물 | 이케아 드로잉 페이퍼, 다용도 물감 또는 아크릴릭 물감, 스탬프, 스펀지, 팔레트, 연필, 종이나 비닐

1. 벽지를 붙일 공간의 사이즈를 잰다.

2. 드로잉 페이퍼를 길게 내려 스탬프 찍을 위치를 자와 연필로 표시한다.

3. 다용도 물감 또는 아크릴릭 물감을 팔레트에 덜어 스펀지에 흡수시킨다.

4. 스탬프에 스펀지로 물감을 톡톡 바르고, 원하는 배열대로 드로잉 페이퍼에 찍는다.

5. 잘 말린 벽지를 원하는 공간에 잘 잘라 붙인다. 자신의 집이라면 도배용 풀을
이용해서 붙이고, 그렇지 않을 경우 스카치 테이프나 양면 테이프로 들뜨지 않을
만큼만 붙여준다. 작업실 벽에도 스카치 테이프를 이용해 붙였다.

TIP : 벽에 못 자국이 많아 지저분해진 곳이나, 아이들이 낙서를 해놓은 곳, 때가 많이 탄 곳 등
에 벽지를 만들어 붙여보세요. 직접 찍을 수 있는 공간이라면 벽에 직접 스탬프를 찍어도 멋진 분
위기를 연출할 수 있어요. 너무 큰 공간은 초보자가 붙이기 힘들 수 있으니 처음에는 작은 공간부
터 시작해보세요.

책이 끝나갈 무렵 또 한 번 작업실을 옮겨야 했다. 여러 가지 마음에 걸리는 부분이 있었는데 특히 알록달록하고 통일성 없는 벽면들이 내 취향과는 정반대였다. 다행히도 벽에 페인트를 칠할 수 있는 조건이었다. 그래서 생각한 것이 벽지 전용 페인트였다. 인터넷 여기저기를 기웃거린 결과 친환경 원료이면서 바르기 쉽고, 얼룩지지 않으며, 색감도 좋은 페인트를 찾았다. 아직 시작도 하지 않았으면서 변화될 벽면의 색감을 상상하니 기분이 좋아졌다. 붓, 페인트, 롤러, 트레이, 신문지나 비닐 정도만 있으면 아주 큰 벽면이라도 내가 원하는 색상으로 꾸며볼 수 있다. 컬러 선택은 재미나기도 하지만, 생각보다 어려운 일이기도 하다. 칠할 곳의 채광, 크기와 용도를 파악하고, 자신의 가구와 소품과도 잘 어울리는 색상인지 고민해보는 것이 좋다. 만약 페인트 색상을 결정하기 어렵다면 페인트 판매 쇼룸을 직접 방문하는 것도 좋다. 다양한 컬러 칩을 직접 볼 수 있고, 자신의 공간에 어울리는 컬러에 대한 상담도 받을 수 있다. 자, 그럼 생각보다 쉬운 작업을 시작해볼까?

벽면에 페인트 칠하기

준비물 | 페인트, 붓, 롤러, 트레이, 신문지나 비닐, 마스킹 테이프

사용한 페인트:
벤자민 무어 페인트
peacock feathers-724

1. 벽지의 상태가 깨끗하다면 물걸레로 먼지만 닦아주고 바로 페인트칠해도 된다.
   벽지에 곰팡이가 피었거나 더러워졌다면 물에 락스를 조금 섞어 걸레에 묻혀
   깨끗하게 제거한다.

2. 벽면이 바짝 마르면 바닥에 신문지나 비닐을 깔고, 페인트가 묻지 말아야 할
   몰딩이나 문턱, 창틀에 꼼꼼하게 마스킹테이프를 붙여준다(칠하기에 자신 있으면
   붙이지 않아도 상관없다).

3. 칠하기 어려운 좁은 부분, 콘센트, 몰딩, 각진 구석을 먼저 붓으로 칠해준다.

4. 롤러로 큰 면적을 W나 M 모양으로 1회 칠한다.

5. 1회 페인트칠이 끝나면 페인트가 마르지 않도록 붓, 롤러, 트레이를 비닐로 감싸 놓는다.

6. 페인트가 마르면 (약 1시간에서 2시간 후) 같은 방법으로 다시 칠해준다.

7. 페인트가 완전히 마르면 마스킹테이프를 제거한다.

TIP: 인터넷으로 페인트를 구매할 경우 모니터와 실제 색상 차이 때문에 맘에 들지 않을 수 있어요. 제가 이용한 벤자민 무어 쇼핑몰(www.benjaminmoore.co.kr)에서는 원하는 컬러 3가지의 컬러 칩을 무료로 보내주더군요. 큰 면적을 모두 칠해놓고, 색상이 맘에 들지 않으면 정말 곤란해요. 컬러 칩을 우선 받아보고 맘에 드는지 결정하거나 쇼룸을 방문해서 직접 컬러를 보고 선택하는 것이 좋답니다.
페인트를 칠할 벽면이 어둡고 칠하려는 컬러가 밝을 경우, 페인트의 양이 30퍼센트 많아야 한다는 사실도 기억하세요.

페인트칠하기는 특별한 기술이 필요 없는
단순한 작업이지만, 칠해야 하는 면적이
넓을 경우 꽤 체력 소모가 많은 작업입니다.
혼자하면 힘도 많이 들고 고되니까 친구나
가족과 함께 쓱쓱 싹싹 칠해보세요. 벽 색깔
하나 바뀌었다고 뭐 그리 달라지겠어라고
생각할 수도 있지만 정말 분위기가 몰라보게
달라집니다. 계절이 바뀌거나, 새로운 가구들을
구입했을 때, 그 분위기에 맞춰 색깔을
바꿔보면 어떨까요? 마치 이사를 온 것처럼
새로운 기분과 신선한 감동이 밀려옵니다.

타일 전용 페인트로
화장실 바꾸기

인테리어도 패션과 같아서 옷을 사면 그 옷에 어울리는 가방과 신발이 사고 싶어지는 것처럼,
방을 고치면 그 방에 어울리는 거실과 주방, 화장실을 만들고 싶어진다. 방이 깔끔하고 화사하게
변신을 하고 나니 화장실이 마음에 걸렸다. 사실 이사하고서 가장 먼저 손을 보고 싶었던 곳도 바로
화장실이었다. 얼룩진 흰색 타일도 걸리고, 스티커로 산만해진 벽면도 깔끔하게 정리하고 싶었다.
지저분해진 타일을 교체하기에는 시간과 비용이 많이 드는 관계로 타일 위에 페인트를 칠하는
것으로 계획을 잡았다. 타일 위에 페인트를 칠하는 것은 앞에서 본 벽지 위에 하는 것보다 시간도
많이 들고, 조금 더 고생스럽다. 타일 위에 프라이머라는 베이스를 두 번 정도 칠하는 과정이
추가되기 때문이다.
세상에 뭐 하나 쉽게 얻어지는 것이 있을까? 고생 끝에 쾌적한 환경이 온다!

화장실 벽면에 페인트 칠하기

준비물 | 프라이머, 페인트, 붓, 롤러, 트레이, 신문지나 비닐, 마스킹 테이프

*사용한 페인트: 벤자민무어 욕실용 페인트
Soothing Green −535

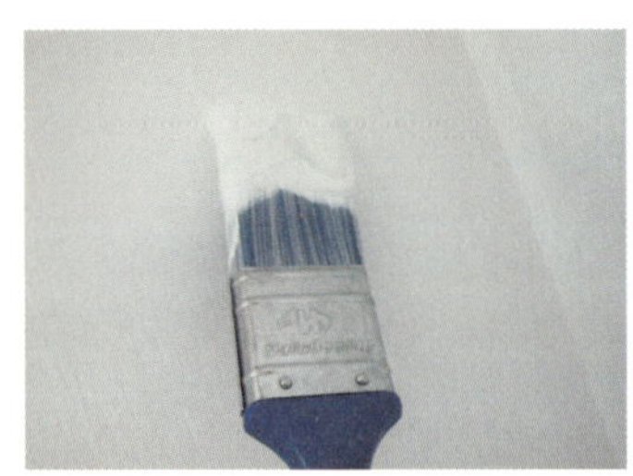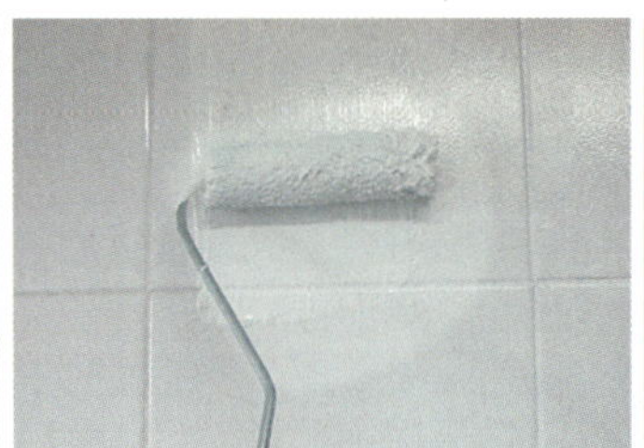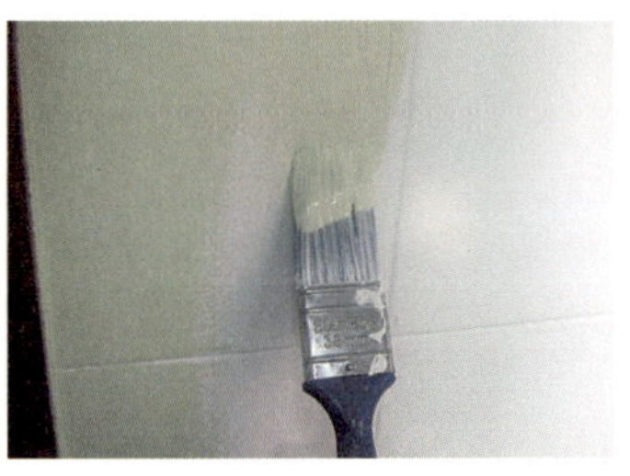

1. 타일의 상태가 깨끗하다면 물걸레로 먼지만 닦아주고 바로 프라이머를 칠해도 되지만, 타일에 곰팡이가 있거나 더럽다면 물에 욕실용 세정제를 조금 섞어 걸레에 묻혀 깨끗하게 제거한다.

2. 벽면이 바짝 마르면 바닥에 신문지나 비닐을 깔고, 프라이머가 묻지 말아야 할 몰딩이나 문턱, 창틀에 꼼꼼하게 마스킹테이프를 붙여준다.(칠하기에 자신 있으면 붙이지 않아도 상관없다.)

3. 칠하기 어려운 좁은 부분, 콘센트, 몰딩, 각진 구석에 붓으로 프라이머를 칠해준다.

4. 롤러로 큰 면적을 W나 M모양으로 프라이머를 1회 칠한다.

5. 손으로 만져봐서 잘 말랐으면 같은 방법으로 프라이머를 2회 더 칠해준다.

6. 프라이머는 잘 말리는 것이 중요하므로 페인트를 칠하기 전에 최소 3~4일 정도 시간을 두고 말린다.

7. 욕실용 페인트를 트레이에 덜어 3번과 같이 붓으로 칠하기 어려운 부분부터 칠한다.

8. 4번과 같이 롤러로 남은 면을 1회 칠한다.

9. 잘 마르면 1회 더 칠하고 완성한다.

TIP: 프라이머는 젯소의 역할과 같아요. 페인트가 잘 칠해질 수 있도록 초벌작업을 해주는 거죠. 타일은 미끄럽기 때문에 바로 페인트를 바르기가 쉽지 않아요. 꼭 프라이머 작업을 하시고, 꼭 3~4일 잘 말리고 페인트칠해 주세요. 그리고 욕실 바닥은 칠하지 않는 것이 좋아요. 저는 칠했다가 실패했어요. 한국식 욕실은 바닥에 물기가 많기 때문에 쉽게 벗겨져요.

Before

After

지저분한 곳은 커튼처럼 만들어 가려주세요.
저는 차가운 알루미늄 창틀과 세면대 아래쪽을 가려주었어요.
커튼 뒤쪽으로 욕실용 세제나 청소도구 등
잡다한 물건 넣어두면 깔끔한 욕실이 된답니다.
그리고 세면대 아래쪽은 물과의 접촉이 많은 곳이므로
방수원단을 사용하면 좋아요.

part6.
비밀 노트 속
카페와 잡화점

따라하고 싶은

공간연출이 가득한 곳

à partir de
99 F.
la pelote

소품을 만드는 작업을 하면서 계속 홍대 부근의 카페와 잡화점을 기웃댔다. 하긴 책 작업 때문이 아니더라도 워낙 커피와 잡화를 좋아하니 이전부터 들락날락했지만 말이다.

어느 곳은 인터넷에 이미 소문이 자자해 알게 되었고, 어느 곳은 '카페 이야기' 시절부터 소품을 구입하던 곳이고, 어느 곳은 사진 한 장에 마음을 뺏겨 찾게 된 곳이다. 그러고 보니 비플러스엠, 나야 카페, 카페 엣코너, 카페 무이, 앤스나무, 데미타스…… 모두 자신만의 스타일로 인테리어를 한, 오너의 손길이 구석구석 닿아 배울 점이 참 많은 곳들이다.

이들 공간의 공통점은 사소해서 무심히 지나칠 수 있는 소품이나 재료 들로 멋스럽게 장식해 평범한 공간을 특별하게 바꾸었다는 점이다. 비플러스엠과 카페 나야의 약간 낮은 1층, 카페 엣코너의 각이 많은 공간, 카페 무이의 아주 작은 공간처럼 단점일 수 있는 부분이 카페 주인들의 솜씨 덕분에 오히려 개성 있는 공간으로 빛나게 되었다.

이런 곳들을 둘러보면 내 집은 작으니까, 혹은 방이 구석져서, 빛이 들어오지 않아서라는 건 그저 게으른 변명일지도 모른다. 최악의 공간일수록 어쩌면 빛날 준비를 하고 있는 원석인 것은 아닐까? 비포와 애프터가 확연한 차이를 드러낼수록 만들기는 더 재미있어지기 때문이다.

책 속에 소개한 카페와 잡화 숍이 아니더라도 자신이 좋아하는 곳에서 감각을 빌려보자. 작은 선반을 달거나 커튼을 바꾸거나 조명을 바꾸는 것만으로도 내 공간에 앉아 커피를 즐기는 시간이 점점 늘어날지도 모른다.

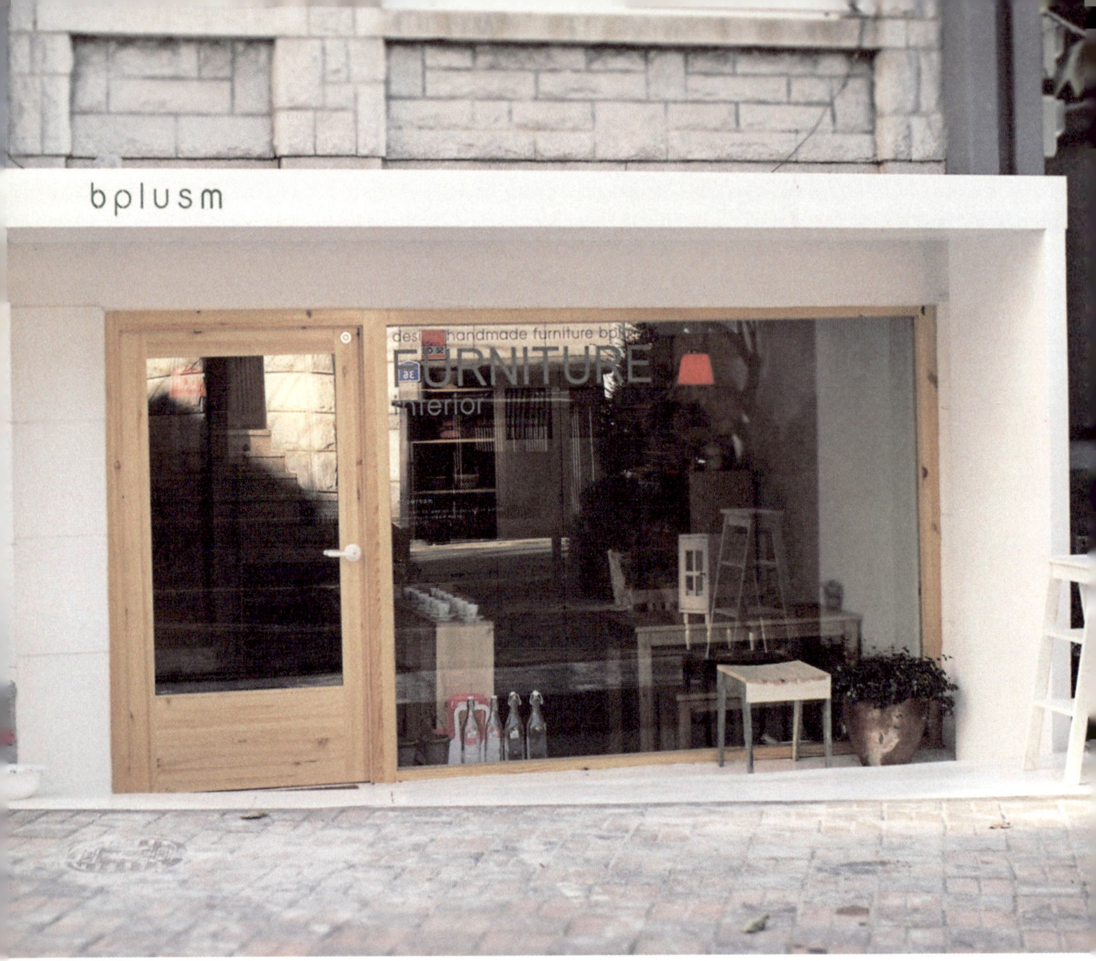

Bplusm
비플러스엠

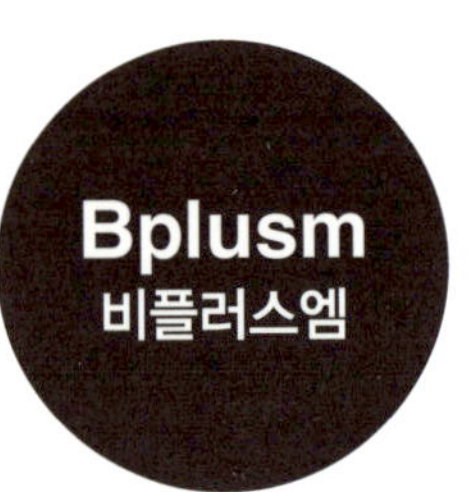

오픈 시간: 오전 11:00~오후 8:00(일요일 오전 12:00~오후 7:00)

주소: 서울시 마포구 서교동 381-36

전화번호: 02-336-7181

홈페이지: www.bplusm.co.kr

가구이기도 작품이기도 한 가구들, 비플러스엠

책 작업을 시작하면서 내내 어딘가에 비플러스엠을 소개하면 좋겠다고 생각했다. 블로그에서 종종 보는 그곳의 가구는 군더더기 없이 자연스러우면서도 마음을 사로잡는 작품이었기 때문이다. 책 작업이 끝나갈 무렵 책 속에 비플러스엠을 소개하고 싶다고 쪽지를 보냈다. 두근두근 답 쪽지를 열었더니 그 속엔 마치 '어서 오세요'라고 손짓하는 듯한 답변이 들어 있었다. 약속을 하고 만나기로 한 날, 나는 전화번호도 없이 지도 한 장만 들고 합정동을 빙글빙글 돌고 있었다. 나는 완벽하고 치밀한 척하면서도 알고 보면 허술한, 그런 사람이다. 약속 시간이 한참 지나서야 하얀 벽에 bplusm이라는 글귀가 쓰여 있는 쇼룸을 찾았다.

허둥지둥 들어가 인사를 하고서 미안한 마음에 준비해갔던 선물부터 부스럭거리며 꺼내놓았다. 블로그에 종종 놀러오는 그녀가 푸른 나뭇잎이 마음에 든다고 한 댓글을 본 것 같아, 아침 일찍 지우개 도장을 콩콩 찍은 패브릭을 만들어갔다. 그걸 준비하면서 '정말 완벽해'라고 흐뭇해했던 걸 생각하니 참으로 어이가 없다.

이런저런 이야기를 나누고 본격적으로 그녀의 가구들로 꾸며놓은 쇼룸의 구석구석을 감상했다. 작은 가구를 만들다가 겨우 몇 밀리미터가 맞지 않아 문이 닫히지 않는 상황을 종종 경험했던 나로서는 스르르 열리고 닫히는 문과 서랍, 깔끔하고 부드러운 표면에 자꾸만 손이 갔다.

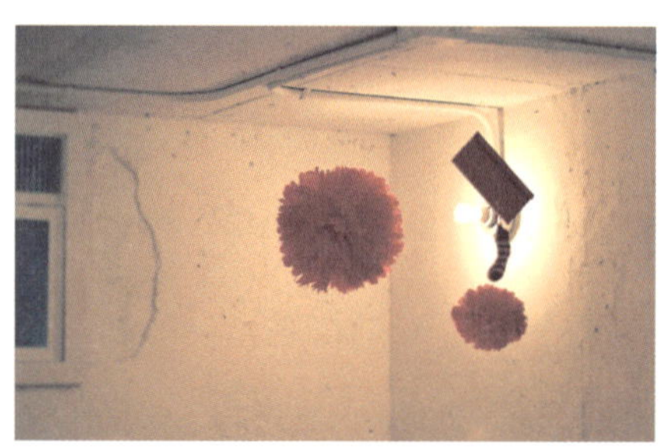

원목으로 된 가구 하나쯤!

자신만의 공간에 원목으로 만들어진 가구를 하나쯤 준비해
보자. 작은 나무 스툴도 괜찮고, 나무 선반도 좋다. 원목은
시간이 지나면 지날수록 느낌도 색감도 멋스러워진다. 따듯
한 공간을 꿈꾼다면 시도해 봐도 좋을 만한 아이템이다.

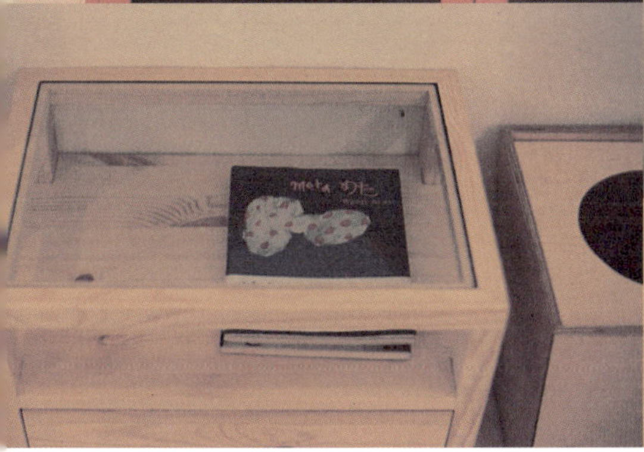

자연스러운 원목의 색감을 그대로 살리거나 포인트가 되는 색상 한두 가지가 섞인 가구들, 빈티지하고 레트로한 소품들이 중간 중간 어우러져 있는 모습이 참으로 자연스러웠다. 조심스럽게 가구 문을 여닫는 나를 보더니 그녀는 "그냥 확 열어도 되요"라고 말한다. 처음 쪽지를 주고받을 때부터 문을 닫고 나오는 순간까지, 참 열려 있는 사람이라는 생각이 들었다.

쇼룸에 오시는 분들이 자유롭게 드나들었으면 좋겠다고 말하는 그녀. 크고 반짝이는 눈만큼이나 예쁜 마음을 가졌기에 저리도 예쁜 가구를 만드는구나 싶었다.

문턱은 낮지만 가구의 퀄리티는 높은 곳이니, 가벼운 마음으로 방문해보기를 권한다. 나만의 가구를 갖고는 싶지만 솜씨가 부족한 우리를 위해 준비해둔 듯한 쇼룸에 마음을 빼앗길 각오는 필수!

Naya cafe
나야 카페

오픈 시간: 오전 11:30~오후 10:00 (월요일은 쉬어요)

주소: 서울시 마포구 서교동 396-54

전화번호: 02-322-2737

따듯하게 들어오는 햇빛조차 홈메이드 같은, 나야 카페

조용한 골목 안 붉은 벽돌과 푸른 창이 따듯하고 자연스러운 내부와 잘 어울린다. 대부분의 음료와 디저트가 직접 만든 것이라니 모두 다 먹어보고 싶다는 생각부터 든다. 게다가 원하는 케이크를 직접 만들어준다는 환상적인 글귀가 작은 흑판에 귀엽게 쓰여 있다. 동물성 지방을 줄이기로 한 나는 버터도 달걀도 들지 않은 케이크를 맛볼 수 있는 몇 안 되는 곳 중 하나를 찾은 셈이다. 꼭 그 이유가 아니더라도 먹고 싶은 케이크를 마지 엄마저럼 식섭 만들어순다니 어찌 좋지 않을 수 있겠는가. 스케치북에 원하는 모양을 그려 "이렇게 만들어 주세요"라고 말하고 싶어진다. 진짜 해볼까?

직접 만드는 건 케이크만이 아닌 것 같다. 카페 곳곳에 손맛 가득한 소품들이 가득하다. 러프한 스케치의 토끼, 배관을 타고 웃고 있는 팬더, 설탕 병과 쿠키 봉지 위의 스티커까지, 모두 직접 만든다는 카페의 콘셉트와 잘 어울리는 홈메이드다. 햇살 가득한 창문 앞에 앉아 『심야식당』과 『고양이, 만나러 갑니다』를 읽는다. 근데 여기 홍대앞이 맞나? 문득 그런 생각이 드는 평화롭고 한가로운 시간이다.

DUBOO'S INTERIOR POINT

창문엔 흐드러진 커튼을!

자신의 공간에 채광이 좋은 창문이 있다면, 하늘하늘한 패브릭을 잘래(거즈나 아사 종류) 걸어두자. 마감처리를 하지 않아도, 커튼처럼 만들지 않아도 좋다. 압정으로 꼽거나 마스킹 테이프를 붙여도 빛이 패브릭을 투과하는 뽀얀 느낌만으로 근사한 창이 된다.

**Café
at corner**
카페 엣코너

오픈 시간: 오전 12:00~오후 9:00(월요일은 쉬어요)

주소: 서울시 마포구 상수동 145-4

전화번호: 02-322-0344

홈페이지: www.at-corner.com

손때 묻은 빈티지 소품으로 꾸며진 숍+카페, 엣코너

빈티지 소품 숍으로 운영되던 엣코너가 얼마 전부터 카페도 겸하게 되었다. 흰 벽과 나무 바닥, 곳곳에 올려진 빈티지 제품들이 자연스럽게 어우러진 곳이다. '카페 이야기'를 시작할 무렵부터 홍대 정문 쪽에 있던 엣코너에 들러 갈색의 작은 병들이며 조명, 칠제로 만들어진 소품들을 퐁퐁 구입하곤 했었다.

지금은 카페를 운영하지도 않으면서 엣코너에 들어서자 마자 눈이 마구 돌아간다. 허름한 유리병에 꽂힌 마른 나뭇가지도 멋스럽고, 안쓰럽게 힘을 내며 자라고 있는 바질도 예뻐 보인다. 그러고는 합리화를 시작한다. 책 속에 이건 꼭 넣고 싶으니까 살까? 저것도? 책을 위한 거니까, 하면서.

벽면을 가득 메우고 있는 빈티지 소품들은 마치 설치미술 같아 보이기도 한다.

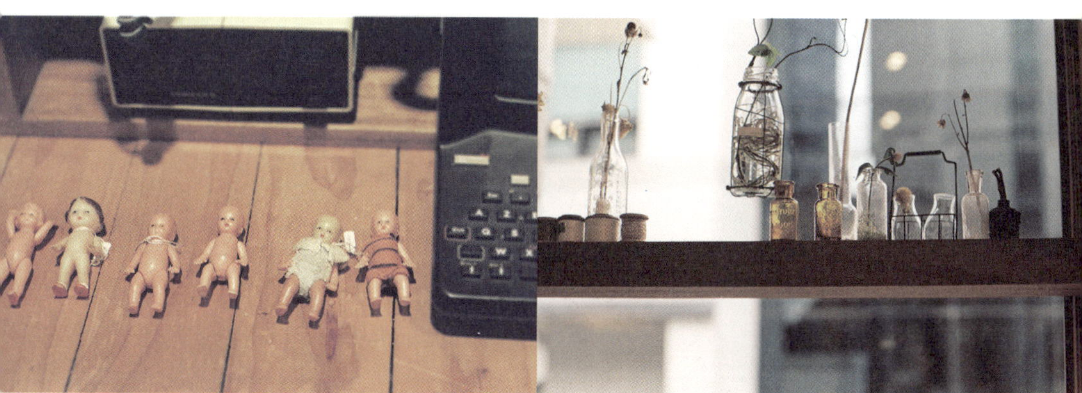

주렁주렁 널어놓아도 멋진 건 하얀 벽이 반주를 적절히 맞춰주고 있기 때문일 것이다. 잠시 멍해 있던 내게 점원이 주문을 받는다. 나는 향이 진한 드립 커피와 딸기 쇼트케이크를 시켰다. 케냐산 커피와 딸기 쇼트케이크는 정말 환상의 궁합이었다. 글을 쓰고 있는 지금도 그 맛을 상상하고 있다. 다음 미팅은 꼭 엣코너에서 해야겠다!

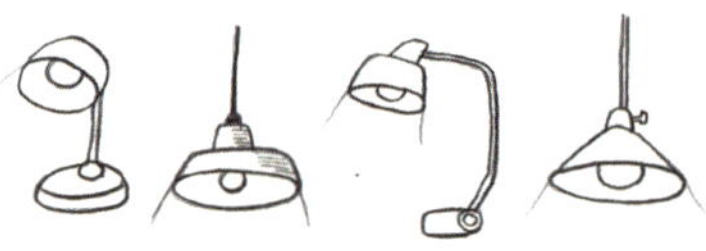

조명 하나로 바뀌는 분위기!

카페의 불빛들은 대부분 노란 전구 빛으로, 하얗고 밝은 빛보다 살짝 어둡지만 어두운 곳을 따뜻하고 포근하게 만들어 주는 분위기 메이커다. 잠이 드는 공간, 커피를 마시는 공간에 노란 불빛의 작은 조명을 준비해보자. 생각보다 근사한 분위기가 연출된다.

**cafe
mooee
카페 무이**

오픈 시간: 오전 12:00~오후 7:00(월요일은 쉬어요)

주소: 서울시 종로구 계동 10-1

전화번호: 02-766-8184

홈페이지: www.cafemooee.com

계동 속 작은 멀티플레이어, 카페 무이

'어디서 봤더라……' 우연히 인터넷에서 본 사진 한 장에 마음을 빼앗긴 카페 무이. 그 사진 속의 무이는 창이 활짝 열린 초여름의 카페였다. 그렇게 마음속에 간직된 사진 한 장의 이미지를 가지고 계동에 갔다. 그리고 어렵지 않게 카페 무이를 찾을 수 있었다. 환하고 노란 불빛이 해가 슬슬 넘어가는 시간과 맞물려 더욱 반갑게 맞아주는 기분이 들었다. 가뜩이나 그날은 갑자기 찾아온 한파로 손목이며 발목, 옷과 몸이 살짝 들떠 있는 공간에 찬 바람을 후벼 넣는 것처럼 추운 날이었다. 얼른 들어가 따뜻하고 진한 커피 한 잔 하리라, 생각하며 문을 당겼다. '어, 문이 안 열리네.' 불은 환하게 켜져 있는데, 안을 보니 아무도 없다. 불이 켜진 걸 보니 완전히 닫은 것 같지는 않고, 잠시 자리를 비운 모양이다.

카페 앞에서 종종거리며 마스터를 기다린다. 10분 정도가 흘렀다. 아무도 오지 않는다. 슬슬 불안해지기 시작한다. 그냥 가야 하나? 조금 더 기다려 볼까? 발길을 돌리기에는 너무 춥기도 하거니와 아쉽다. 기다리기로 하고 조금 더 시간이 지나자 타박타박 남자 분이 걸어오더니 열쇠로 문을 연다.

CAFE
MOOEE

쪼르르 따라 들어갔다. "조금 기다렸어요"라고 말하자, "아이쿠, 죄송합니다. 추운데 많이 기다리셨나요? 맥주 마시고 왔어요"라고 말씀하신다. 하하, 하고 웃음이 났다. (물론 속으로 웃었지만)

예전의 나라면 밖에서 춥게 기다리고 있던 것에 온통 초점이 맞춰져 조금 짜증이 났겠지만, 카페를 운영해본 후라서 그런지 그럴 수 있겠다고, 자유로워 보여 좋다고 생각했다.

아무리 카페가 서비스 업종이라지만 마스터도 휴식이 필요하고, 자유롭게 운영이 되어야 오래 지속할 수 있다. 특히나 마스터 본인이 직접 운영을 하는 곳이라면 두말할 필요도 없다.

그렇게 마주한 카페 무이는 테이블 두 개와 주방, 스타일 좋은 소품들이 옹기종기 모여 있는, 생각보다 작은 공간이었다. 커피와 차를 시키고 난로에서 나오는 열기에 손을 녹였다. 잠시 눈을 들어 올려다 본 천장은 원래 한옥의 형태를 그대로 간직하고 있고, 그 선에서 하늘하늘한 패브릭이 벽을 타고 멋지게 스타일링되어 있었다.

향기로운 차와 커피의 세팅도 그렇고, 구석에 널부러져 있는 듯 방치된 꽃도 그렇고, 한지로 쌓여 있는 조명도 그렇고, 보통 솜씨를 가진 분이 아닌 듯 싶었다.

작업실에 돌아와 무이의 블로그를 보니, 그럼 그렇지, 이곳은 파티도 가능하고 푸드스타일링도 해주고, 케이터링도 해주며, 프러포즈 공간으로도 사용하는 그런 곳이었다.

'역시 멋진 곳이었구나, 그런 곳이었어!'

창이 활짝 열린 계절에 다시 한 번 가봐야겠다.

재활용의 재발견!
무이의 가장 큰 테이블 상판은 오래된 한옥의 문짝이다. 시간과 세월이 묻어난 색감은 그대로 만들어 내기가 어렵다. 그래서 일까? 멋스럽게 갈라지고 때가 묻은 상판은 유독 눈 여겨 보게 된다. 버리려고 하는 것들, 버려진 것들에게서 아이디어를 얻어보자.

오픈 시간: 오전 9:00~오후 10:00(월요일은 쉬어요)

주소: 서울 종로구 부암동 269-8

전화번호: 02-379-5939

홈페이지: www.annsnamu.co.kr

세심한 소품과 대접받는 느낌, 앤스나무

취향이 맞는 카페를 만나는 건 참으로 기쁜 일이다. 자연스러운 원목부터 거친 듯한 리넨의 색감, 손으로 꼬물꼬물 만든 소품, 낡았지만 잘 손질해놓은 가구와 빈티지 소품들…… 전체적으로 포근하고 편안한 분위기까지 뭐 하나 빼놓지 않고 모두모두 내가 좋아하는 앤스나무의 스타일이다.

입구에 놓인 옛날 의자가 친구의 집을 방문하는 것 같은 친근한 분위기를 만들어준다. 문을 열고 들어가면 오른쪽은 잡화가 가득하고, 왼쪽은 큰 창문과 나무 테이블이 옹기종기 놓여 있다. 카페와 잡화 상점이 같이 있으니, 소소한 이야기도 나누고 쇼핑도 할 수 있어서 좋다. 한쪽에 놓인 직접 만든 듯한 패브릭 소품들이 마음을 따뜻하게 녹인다. 눈이 즐거워지는 왼쪽 공간이다.

구경하고 있는 동안 주문한 커피가 나왔다. 커피 세팅도 무척이나 귀엽고 상냥하다. 세심하게 준비된 티 파티에 초대되어 대접받는 느낌이랄까. 컵과 티 코스터의 배색, 나무의 질감과 푸른 식물의 조합이 자연스럽고 센스가 넘친다. 발랄한 도트 무늬의 컵에 담긴 고구마 라테는 채도 높은 빨간색만큼이나 달콤하고 따뜻하다. 한 모금 넘기니 늦가을 옷 속에 숨어 있던 한기가 한소끔 가라앉는다.

나무의 질감을 좋아하는 사람이라면, 패브릭의 보드라운 느낌을 좋아하는 사람이라면, 화이트와 브라운 톤을 좋아하는 사람이라면, 핸드메이드를 좋아하는 사람이라면 분명 좋아하게 될 곳. 앤스나무는 그런 곳이다.

p.s. 책이 만들어지는 동안 앤스나무가 더 아기자기한 갤러리로 변했어요.
그곳의 감각과 스타일링은 변함없으니 꼭 한 번 방문해보세요.

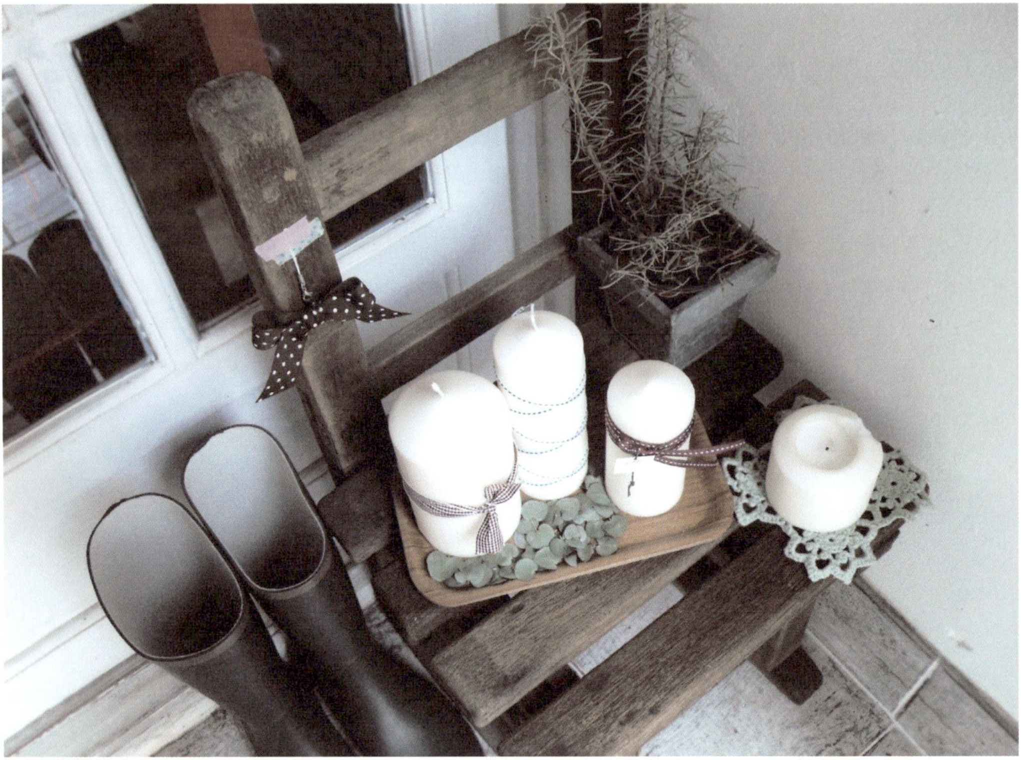

DUBOO'S INTERIOR POINT

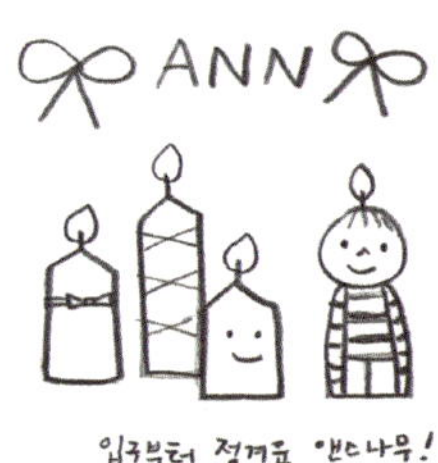

소소하고 행복한 나만의 스타일링!

커피 한 잔에 행복을 느낄 수 있다면 세상의 작고 소소한 것들에 매력을 느끼며 살아갈 수 있다. 만약 당신이 산책을 즐긴다면 길가에 떨어진 나뭇잎, 풀잎을 가져와 티타임을 즐길 때 옆에 살짝 올려 놓아보자. 여느 카페 부럽지 않은 스타일링이 될 테니.

Cinnamon
www.saio.com
RANN

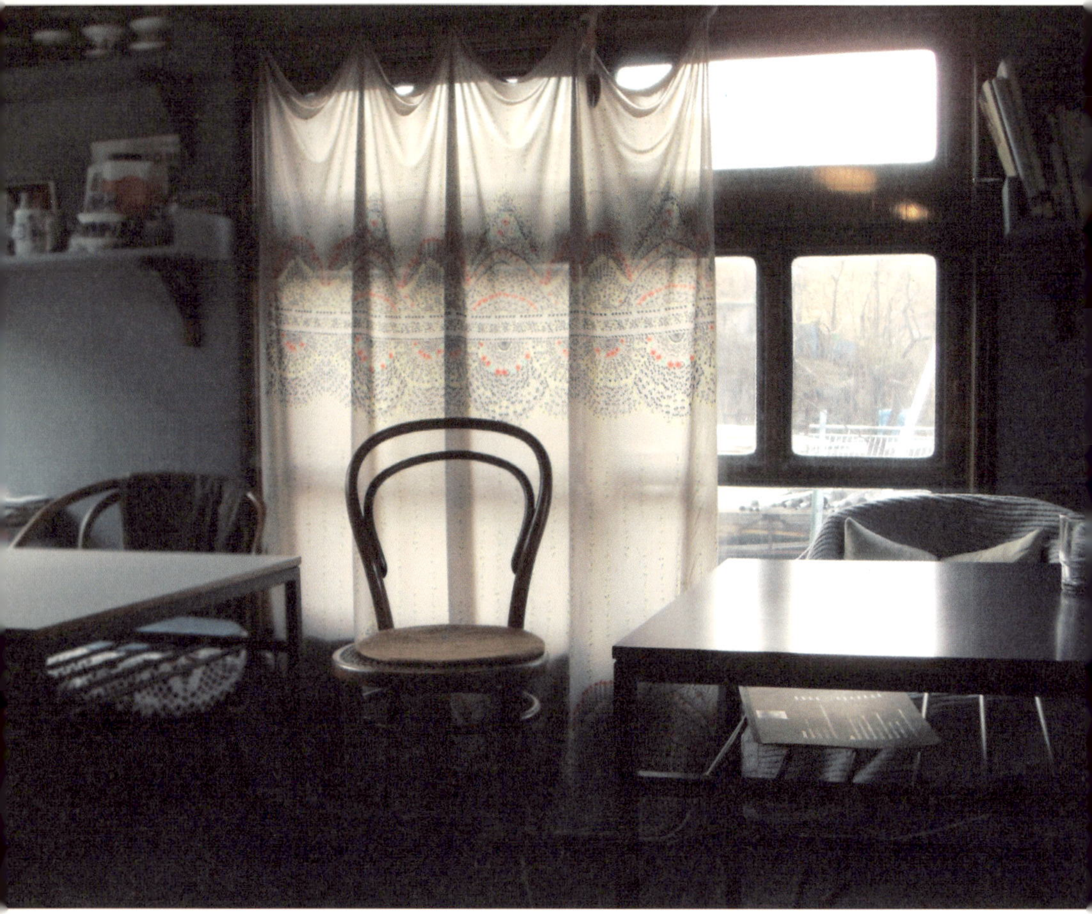

demitasse
데미타스

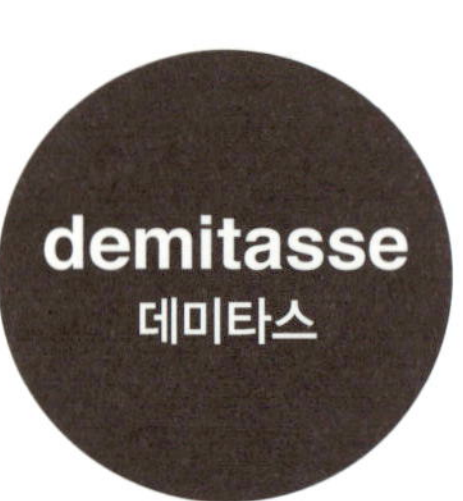

오픈 시간: 오전 11:00~오후 10:00

주소: 서울특별시 종로구 부암동 254-5 2층

전화번호: 02-391-6360

홈페이지: www.demitasse.co.kr

부암동의 작은 그릇 박물관, 데미타스

부암동은 교통편이 그리 좋지 않은데도 종종 가게 된다. 뒷산을 따라 조금만 오르면 도롱뇽이 살고 있는 숲이 있고, 잘 계획된 아파트 대신 어린 시절 방방거리며 뛰어다녔을 법한 골목도 자주 마주할 수 있다. 부암동 역시 서울이지만, 이상하게 이곳에 오면 여행자의 마음이 된다. 부암동은 내가 살고 있는 퍽퍽하고 텁텁한 도시에 숨어 있는 말랑말랑한 휴가지 같은 곳이다. 특히나 가을날의 부암동은 노란 은행잎을 골고루 묻혀놓은 인절미처럼 보인다.

구석구석 골목을 따라다니다 보면 화려하지 않지만 각각의 스타일로 제법 멋을 낸 카페들이 나타나는데, 외관들도 상가 밀집 지역의 반듯한 빌딩과는 다른 옛날 가옥이 많다. 그리고 그 중의 하나가 데미타스다.

외관도 그렇지만, 내부의 옛날 지붕을 그대로 살린 천장은 정말로 멋스러운 인테리어로 한몫을 톡톡히 하고 있다. 소문으로 듣던 예쁜 잔들과 접시들이 왁자하게 놓여 있고, 한가로운 평일 오후 창으로 들어오는 햇살이 간지럽다.

평범한 싱크대에 포인트로 걸린 리넨들이 재미있다. 쉽지만 효과적인, 꼭 따라해보고 싶은 인테리어다. 투박하고 짙은 컵에서부터, 곱상하고 새침하게 생긴 접시까지 하나하나 천천히 눈을 움직여 감상한다. 매일 다른 잔에 커피나 홍차를 마셔도 일 년을 훌쩍 지날 듯하다.

직접 만들었다는 홈메이드 요거트를 시켜놓고, 찬찬히 둘러보고 있으니 '여긴 박물관 같아, 작은 그릇 박물관!' 하는 생각이 절로 든다.

좋아하는 무언가를 계속 모으면 이렇게 멋질 수 있구나, 싶다. 그 자체로 인테리어가 되니까 말이다.

'나도 지금부터 좋아하는 걸 모아볼까?'

하지만 나는 좋아하는 게 많아서 탈이다. 아마 중구난방 박물관이 되지 않을까 싶다.

데미타스는 혼자 와도 심심하지 않은 곳이다. 그릇 구경이 질릴 때쯤엔 작은 창으로 보이는 구멍가게와 부동산에서 나오는 사람들을 관찰하고, 횡단보도의 사람들 표정을 구경한다.

잔잔하게 흐르는 음악을 듣다가 가방 안에 챙겨 온, 한 달째 읽고 있는 소설을 꺼내 든다.

때로는 입을 쉬고 눈과 귀를 활짝 열어 누군가 보여주는, 누군가 들려주는 이야기를 보고 듣는다. 입을 열어 모든 것을 쏟아 낼 때보다 평화롭다. 자주는 아니지만, 가끔씩 데미타스에서 나는 이렇게 짧은 휴가를 보낸다. 아무 말도 하지 않고, 조용조용 흐르는 시간과 공기에 흐느적거리면서 말이다.

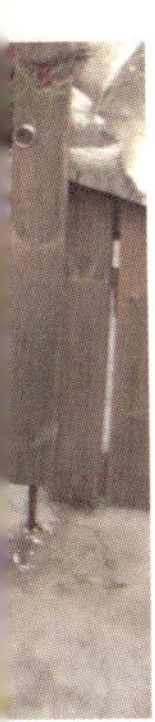

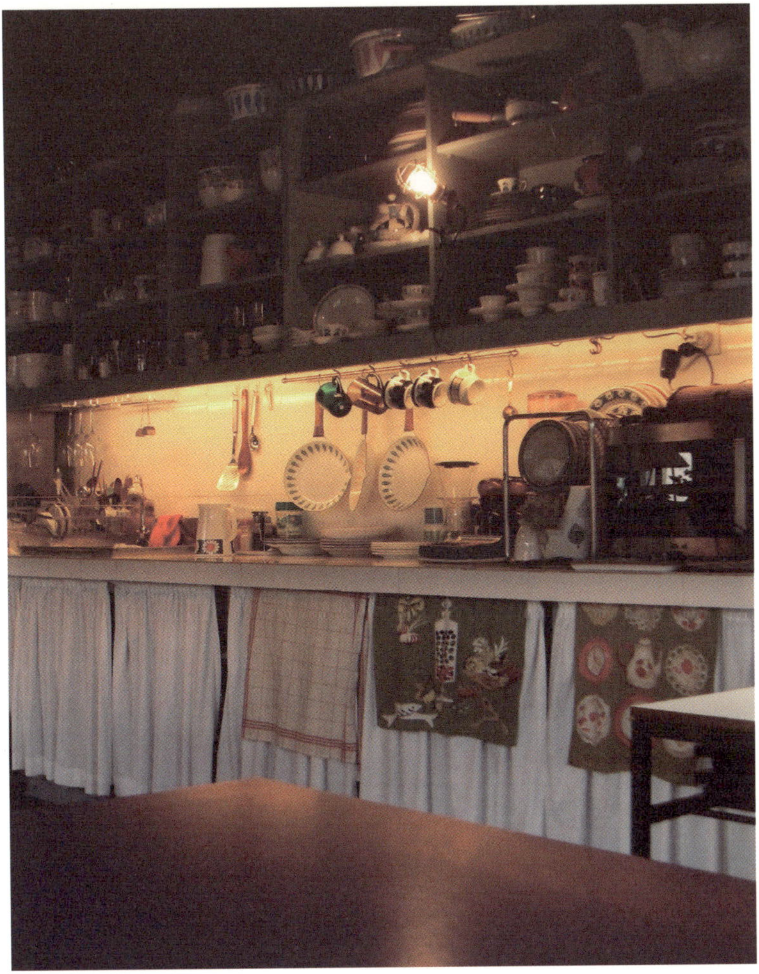

DUBOO'S INTERIOR POINT

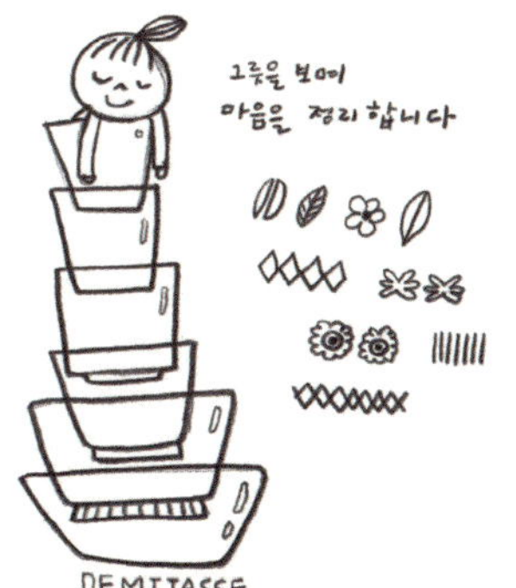

한 곳에 모아 갤러리처럼!

좋아하는 소품을 한 곳에 모아보자. 선반 위에 각기 다른 모양과 색상의 컵을 조르르 모아 놓거나, 색감이 좋은 패브릭을 차곡차곡 쌓아 올려 놓아도 좋다. 모이면 힘이 되는 인테리어의 법칙을 느껴보자.

back in agony as
pine. I smacked another in the face.
blade. The third took a pistol ball in the
In the thick of the fighting, a young officer I too
Lieutenant Maynard was exhorting his fighters. Blackbe
men were outnumbered two to one, and were dying one
another. With pistols soon discharged, cutlasses beca
order of the morning. The clank of their blades rang
the smoky air. Men screamed in pain. Others made

서 툴 던
만 들 기 를
끝 내 며

드디어 끝났구나! 라는 안도감과 함께, 과연 이 책을 읽는 사람들도 나처럼 무언가 만드는 것에 흥미를 느낄 수 있을까? 하는 의문이 생긴다. 그래서 책을 만드는 내내 주변 사람에게 '이거 만들 수 있겠어?' '이건 좀 쉽지 않아?'라고 종종거리며 쉴 새 없이 물어봤는지도 모르겠다.

몇 달 동인 쉬지 않고 작업을 하면시 스탬프 조각이나 소품들은 미치 만화책 1권과 10권의 그림 차이만큼 달라졌다. 처음엔 단순한 색과 단순한 모양으로 시작했지만, 차차 풍부한 색감과 조금 더 복잡한 형태도 만들 수 있게 되었다.

'카페 커튼이나 만들어 볼까?' 하고 시작했던 엉뚱한 만들기는 어느새 이름 석 자까지 써 넣어 책까지 출판하게 되었다. 그리고 이렇게 책 작업을 마무리하면서 나에게는 다양한 모양의 스탬프와, 쿠션, 베개 커버, 각종 주방 소품과 작은 가구까지 생겼다. 만들기 책은 어렵지만 확실하게 남는 게 있구나, 하고 생각하니 기분 좋은 웃음이 난다. 무엇보다 자유로움이 있어서 좋았다. 만들고 싶은 만큼, 상상할 수 있는 만큼 즐기면서 만들 수 있었다. 그리고 나는 다시 이 작은 조각들로 할 수 있는 전시를 꿈꾼다. 꿈과 상상은 스탬프 모양처럼 한 조각 한 조각 현실로 새겨지고 있다. 책 속에 조금이라도 그런 생각들이 묻어나면 좋겠다. 그러면 정말 행복할 것 같다.

귀여운 소품과

인테리어를 위한

스탬프 도안

p.094
접시 스케치

접시 스케치

p.094

접시 스케치

p.110

p.142

p.086

p.059

p.114

p.024

p.066

p.102

p.020

p.022

p.106
p.026
p.079
p.064
p.032
p.054
p.054
p.104
p.064
p.117

p.034
p.023
p.063
p.117
p.090
p.085
p.060
p.062
p.052
p.056

한 세 진

2001년 홍익대학교 광고·멀티미디어 디자인학과를 졸업했다. 게임 회사에서 캐릭터 디자이너로 일한 지 1년 만에 구불구불한 프리랜서 그림작가의 길로 들어섰다. 『자! 약속해』(삼성출판사)를 시작으로 여러 권의 동화를 그렸고, 『보그걸』의 비주얼 아티스트로 활동하면서 '마누'라는 인형 캐릭터를 소개했다. 손맛 나는 그림과 소품을 만드는 일에 몰두하면서 몸에 맞는 일을 찾은 것 같아 늘 감사하고 행복하다. 현재 직접 디자인하여 제작한 소품들을 '마이스터프'에 소개하고 있으며 'duboo'라는 닉네임으로 블로그에서 많은 사람과 만나 소통하고 있다.

매일매일 핸드메이드
지우개로 만드는 귀여운 소품 + 인테리어
ⓒ 한세진, 2011

초판 인쇄 2011년 3월 25일
초판 발행 2011년 4월 1일

지은이 | 한세진
펴낸이 | 정민영
기획 | 김영혜
책임편집 | 변혜진
편집 | 손희경
디자인 | 최윤미
마케팅 | 이숙재
제작처 | 영신사

펴낸곳 | (주)아트북스
출판등록 | 2011년 5월 18일 제406-2003-057호
브랜드 | 앨리스
주소 | 413-756 경기도 파주시 교하읍 문발리 파주출판도시 513-8
대표전화 | 031-955-8888
문의전화 | 031-955-7977(편집부) 031-955-3578(마케팅)
팩스 | 031-955-8855
전자우편 | artbooks21@naver.com
홈페이지 | www.artinlife.co.kr

앨리스는 (주)아트북스의 출판브랜드입니다. 이 책의 판권은 지은이와 앨리스에 있습니다.
이 책의 내용을 이용하시려면 반드시 양측의 서면 동의를 받아야 합니다.

ISBN 978-89-6196-083-0 13630

매일매일 핸드메이드 구매 독자를 위한 특별한 선물

벤자민 무어 페인트 5000원 할인권

* 유효기간: 2011.04.01~2012.03.31
* 벤자민 무어 서울 본사, 부산 대리점에서 사용 가능
  (온라인 사용 불가)
* 1회 1매 사용가능(제품은 페인트에 한함)

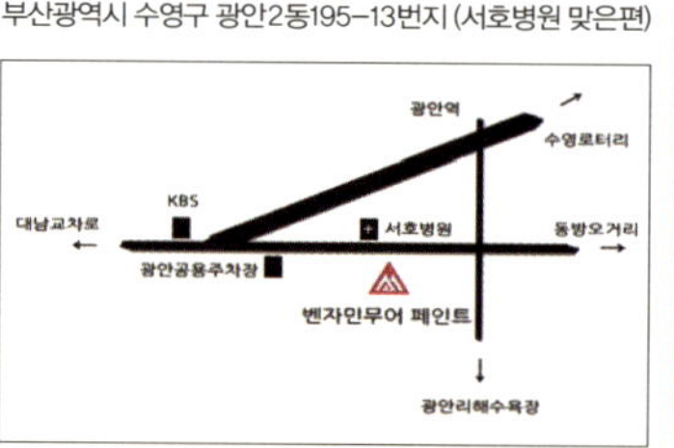

서울 논현동본사 02-3486-1700
서울시 강남구 논현동 128–5 승욱프라자 빌딩 1층

부산 대리점 051-628-4110
부산광역시 수영구 광안2동195–13번지 (서호병원 맞은편)